济南

杨峰·主编

侯环·著

千年一梦水中山

华不注

JINAN

山东城市出版传媒集团·济南出版社

序

XU

讲好济南故事是我们的使命

看到济南出版社重磅推出的"济南故事"系列丛书，无论是作为济南城市的建设者，还是作为在这座历史文化名城工作与生活了数十载的济南市民，我都深感高兴与自豪。

伴随着这座历史文化名城发展变迁的足音，感受着这座时代新城前行律动的脉搏，我们会感到脚下的大地熟悉而又陌生。当时光列车驶入21世纪第三个10年的历史关口，济南的明天将会怎样，想必是每一位济南人都迫切需要了解的。要知道济南向何处去，首先要回答济南从哪里来。只有了解济南的昨天，才能知道济南的明天。了解济南故事，讲好济南故事，让更多的济南人热爱济南，让更多的外地人了解济南，使之成为建设美丽济南的磅礴动力，是我们义不容辞的使命。那么，了解济南故事，从阅读这套丛书开始，应该是个不错的选择。

济南是一座传统与现代相互融合的城市。一方面，济南地理位置得天独厚，南依泰山，北临黄河，扼南北要道，北上可达京师，南下可抵江南。济南融山、泉、湖、河、城于一体，风景绮丽，秀甲一方。她群山逶迤，众泉喷涌，城中垂杨依依，荷影点点，既有北方山川之雄奇壮阔，又有江南山水之清灵潇洒，兼具南北风物之长。作为齐鲁文化中心，她历史悠久，文脉极盛，建城两千多年以来，文人墨客、名士先贤驻足于此，歌咏于此，留下无数美好的诗篇。近代开埠以来，引商贾、办工厂、兴教育，得风气之先，领一时风骚。这些都是济南的老故事。

另一方面，作为山东省政治中心、经济中心、文化中心，当前的济南正面临新旧动能转换起步区、中国（山东）自由贸易试验区济南片区、黄河流域生态保护和高质量发展三大国家战略叠加的重大机遇，正对标习近平总书记

"走在前列、全面开创"的目标要求，阔步从"大明湖时代"迈向"黄河时代"。今日之济南，围绕"打造四个中心"，建设"大强美富通"现代化省会城市，努力争创国家中心城市，统筹谋篇布局经济社会发展，大力发展大数据与新一代信息技术、智能制造与高端装备、量子科技、生物制药、医疗康养等十大千亿级产业集群，加快产业转型升级，一大批重大工程、重大项目落地投产，城市发展充满了无限生机。同时大力推进城市建设管理更新，中央商务区勃然起势，"高快一体"快速路网飞速建成，城市容颜焕新蝶变，城市品质赋能升级，城市文明崇德向善，生活在这座城市里的人们，有着以往从未有过的获得感、幸福感和安全感。现在的济南又趁势而上，加快实施公共卫生应急管理、营商环境优化、双招双引、项目建设、科技创新、城市品质提升、扩大对外开放等十二项重点攻坚行动，踏上了更为壮阔的高质量发展新征程。这是济南故事的新篇章。

作为时代变化的参与者、见证者，同时也应是优秀传统文化的守望者和美好故事的讲述者，我们有责任深入讲好济南故事，告诉世人济南的前世与今生。但也许是尊奉礼仪之邦"讷于言而敏于行"的古训吧，这些年我们做了很多，讲得却还不够。济南出版社策划出版"济南故事"系列丛书，可谓正当其时。它从多层面多角度挖掘、整理和诠释济南风景名胜、人文历史，向世人娓娓道来，并以图书的形式呈现出来，是一件有着深远意义的事情。我希望这套丛书能成为一把钥匙，为读者打开一扇门，拨开历史的风尘，带领读者穿越时光，纵览波澜壮阔的历史长卷，与往圣先贤来一场跨越时空的对话。

翻开它，我们走进历史；合上它，我们可见未来。

中共济南市委常委、市委宣传部部长　　杨峰

目录
MULU

华不注：千年一梦水中山

引 言

JINAN 济南故事

千年一梦水中山

己亥之秋，休沐之日，天朗气清，闻华不注引水告成，遂生郊游之念。

一家三口泛舟于华不注山南迤西新开凿的湖面上，喜不自禁。

时维初秋，而午后骄阳依然酷烈。好在有轻风不时从湖面掠过，带着湖水的清凉与滋润；而这湖面，气象极为浩大，在阳光照耀下，宛如由天的那一边铺下的碧绿色锦缎，一眼望不到边际，让人不禁道："山色一船，湖光十里，豁目爽襟，好有'奚囊携得新诗笔，醉蘸烟波写画图'之想……"

话音未落，忽听儿子惊喜地叫道："爸妈快看，这湖里也有座华山！"

循着儿子手指的方向望去，果不其然，一个华不注，一丝儿不差地映在湖里，那么真切，那么鲜亮，活脱脱一个带着水珠的花骨朵儿。你这时不能不佩服古人给山起名时比喻的精彩与绝妙，还有——

水中山，华不注倒影，就这样出现了，或者，更准确地说，回来了。

对济南文化略有所知的人都会明白，这"水中山"，这"鹊华烟雨"，带着济南人近乎千年的希望与期盼。

一幕一幕涂抹着济南烟雨和鹊华秋意的历史画卷在笔者面前掠过……

距今一千五百年前，北魏冀州（治所历城），伟大的地理学家兼文学大家郦道元为了撰写他的《水经注》来到华不注山下，他为此山的奇特美姿深深打动，他称颂山的奇特是"单椒秀泽""虎牙桀立"，而山的美则是"青崖翠发，望同点黛"。

青青的山崖遍是翠绿的树木，如同美女的眉黛呀。由此可以想见，当时华不注山的植被繁茂到了何等了得的程度。更重要的，华不注自古以来便有鹊山湖环绕，是一座典型的"水中山"。

这"水中山"的雄阔美姿，在其后二百年的唐代，更是得文献确证。

唐天宝三年（744），大诗人李白来到济南，他泛舟鹊山湖，攀登华不注，写下《陪从祖济南太守泛鹊山湖三首》。

其一有云：

初谓鹊山近，宁知湖水遥。

其二有云：

湖阔数十里，湖光摇碧山。

好一个鹊山湖，它当年该是何等雄阔迢遥、浩瀚无际呵，还有那被湖水滋养的碧绿的鹊、华二山，连"一生好入名山游"、经多见广的李白，都被这"湖阔"与"碧山"深深感染了。李白还写有《古风》一首，描述他攀登华不注山的经历感受：

昔我游齐都，登华不注峰。
兹山何峻秀，绿翠如芙蓉。
……
含笑凌倒景，欣然愿相从。

值得注意的是，这首诗不仅写到华不注青绿山色（"绿翠如芙蓉"），它还直接写到了华不注倒影，写到了诗人沉醉于倒影中的美丽心情。

由此我们知道，华不注之美，正在于其"水中山"的特质，这不仅造就了华不注"青崖翠发，望同点黛""绿翠如芙蓉"的青山之美，更重要的，还在于"水中山"自身焕发的山水相互映照的更高层次的综合美，比如"湖光摇碧山"，那才真叫好看！

可惜的是，这"水中山"到了南宋，出现了一个意想不到的变化。这事发生在刘豫盘踞济南的1130—1137年间，其时在金国羽翼下的伪齐国主刘豫基于强化水运以对抗南宋的需要，在济南北郊开凿小清河，于是济南诸泉尤其是泺水不再经鹊山湖入大清河，而是直接导入小清河。

据乾隆《历城县志》所引明人朱学价《天下名胜志》："泺水自大明湖东北流注华不注山下，汇为（鹊山）湖，今亦就涸。按：泺水，伪齐刘豫时乃自城北导之东行，因名小清河，不名鹊山湖久矣。"

公正地说，小清河的开凿，对于济南日后的航运是有价值的，然而，它对于济南北郊自然水土与美丽景致的毁灭性破坏，同样是触目惊心的。自此以后，济南北郊，那为李白所歌咏的"湖阔数十里，湖光摇碧山"的鹊山湖再也不见，而华不注的"水中山"也成为济南人一个遥远的梦境。

或许有人要说，"水中山"，一片风景而已，有那么紧要吗？此话差矣！在此我们要请出一个人物，一个与华不注"水中山"息息相关的大人物。

元好问，中国文学史上的一流诗人、作家，古今罕有的审美大家。他于元太宗七年即公元1235年7月来到济南，此时距离刘豫开凿小清河不过百年光景，而华不注却已不再是"水中山"了，它只是"遥望似水中山"。然而，即便是"遥望似水中山"，元好问依然将其称之为"历下城绝胜处"。在他的那篇著名的《济南行记》中，他这样写华不注："大明湖由北水门出，与济水合，弥漫无际，遥望此山，如在水中，盖历下城绝胜处也！"一个仿佛的水中华山，便引来元好问如此的称道与赞美，如果是真的呢？

由此可知，"水中山"在元好问的心目中，不，应该是在审美的价值意义上，具有品调卓逸、超凡脱俗的美艳与崇高。

这样的人物，这样的眼力，你不能不服。

元好问此番来济，还有一个与华不注相关的动人故事，那是他在大明湖通往章丘绣江的水路上，看到了山在水中的倒影，据笔者的分析判断，那分明是华不注在小清河里的倒影吧。于是元好问诗兴大发，写下了那句名播千古的名句：

看山水底山更佳，一堆苍烟收不起。

世间写水中山的诗句可谓多矣，但此句无疑排名第一。试想，那元好问将"水中山"比作"苍烟"，且是"一堆"，该是何等形象且引人遐想啊。高明的诗人都是这样做的，他们不是把话说死、说完，而是留出空白，让你的想象去补充。他又说，我多想把这"苍烟"、这"水中山"带回家里，时时观看，日日欣赏，可惜那是办不到的。

看完这诗，你怎么想？

多么非同寻常的想象力与创造力！想来他一定是有了"水底看山"的无数积累，才有了如此精妙绝伦的诗句吧。

如果说，济南东北郊鹊华一带，至元代尚有沼泽莲池，渔叟茅舍，值得赵孟𫖯画出绝世之作《鹊华秋色》图，那么，到了明末，在著名诗人王象春的笔下，便只有"莽然田壤，无复烟波"了。为此，这位才高八斗、耿直傲兀的济南人，怒斥刘豫填湖为"贼头贼脑杀尽韵致，余每一到鹊湖辄起鞭骨之恨"，他为鹊山湖无水而沉的鱼鸟冤魂哀悼，他期望着早一天发掘鹊山湖的淤泥堰塞，使鹊山湖的水光再现天日（"鱼鸟陆沉魂怨恫，几时重启外湖埕"）。（《齐音·鹊湖》）

"水中山"的消失，济南人心中永远的痛。

没有了水源，华不注再无当年的"花鸟之盛，不下虎丘"，它作为济南三大名胜之一（"华不注、大明湖、趵突泉，济南之'三誉'也。"明王思任《游历下诸胜记》）的地位，也很快为千佛山所取代。清雍正九年（1731）七月，著名史学家全祖望来游华不注，连华阳宫沙门都劝他放弃："山中乱石横亘，蹊径芜塞，何自苦为？"

于今，这漫长、沉重而痛苦的思绪与追忆终于结束了。

夕阳斜照，湖光澹荡，清风徐来，青山静穆。

在此，笔者想以此告慰含恨而去的济南先贤王象春先生：你的"重启外湖埂"的愿望，在四百年后终于变为现实。先生若地下有知，定当含笑于九泉。

作为一名大学教师，许多年里，笔者一直埋头济南历史文化的研究，一向不愿作歌功颂德的文章，唯独今天，想破一次例。

笔者要向华不注凿湖这一伟大城市工程的决策者、设计者、建设者，献上深深的敬意。尤其是济南城建的设计者，那是真正的专家、大家，他们有对于济南历史与现实的深知与真知，他们有贯通古今的慧眼和化腐朽为神奇的能力。此时，笔者不由得想到我们崇敬的吴良镛先生所作的那篇关于济南城市规划的文章，题目是《借"名画"之余晖 点江山之异彩》，他说他是受了赵孟頫《鹊华秋色》图的启发，来完成济南城市的规划设计的。呀，呀，如此厚重深刻的历史感，如此穿透历史、思接千载的见识与眼光，如此绿荷跳珠、超越凡俗的审美素养与境界，方才绘就了一幅济南新时代的《鹊华秋色》图。

现今只是华不注启航的一个起点，假以时日，那"湖阔数十里，湖光摇碧山"的壮美景象必将重现，那鹊华秋色、鹊华烟雨的优雅景观，会再次惊艳天下！

JINAN 济南故事

第一章

绿翠芙蓉 一华山

华不注山，简称华山，又名金舆山。它地处济南市东北角，位于黄河以南，小清河以北，是济南历史上的第一名山。

它有何等的魅力，可以在富于可观山水的济南，力压群芳，独拔头筹？

只因它富有个性，实在是与众不同。

第一节　"青崖翠发""绿翠如芙蓉"的青绿意象

北魏山水与文学大家郦道元在著名的《水经注》中称华不注"青崖翠发，望同点黛"。

唐代大诗人李白在游华不注的《古风》之一称"兹山何峻秀，绿翠如芙蓉"。

一个"青崖"，一个"绿翠"，由此可知，自古以来，华不注便以"青""绿"（山体、山色）著称于世。

你切莫小瞧了这"青""绿"二字。

中国有家喻户晓之俗语曰：青山绿水。这"青"，乃是山的基本审美特征，舍此而外，不可设想。青，必得基于山体的良好植被、绿树翠岚之婆娑风姿，这在"青山隐隐水迢迢"、雨水充沛的江南也许不难，但在干燥缺雨的北方，却实属不易。

青绿意象，永远是伴随着华不注的美丽封面与文化品牌。

描绘华不注的青与绿，在历代古诗词中，不胜枚举。

宋代，齐州太守曾巩："翠岭嫩岚晴可掇。"（《华不注山》）

金，元好问："华山真是碧芙蕖，湖水湖光玉不如。"（《济南杂诗十首》其三）

元代，郝经将华不注比作："昆仑山巅半峰碧，海风吹落犹带湿。"（《华不注行》）张养浩称："苍烟万顷插孤岑""翠刃刺云天倚剑"。

华不注的青绿意象

（《游华不注》）

　　明代，李攀龙："二水遥分青嶂合，一峰深注白云孤。"（《与转运诸公登华不注山绝顶》）

　　清初，大诗人王士禛行经华不注山前，见华不注之青翠赏心悦目，写下了"卷帘华不注，时来献青苍"的优雅名句。（《望华不注怀古》）

　　所有这些，无一不是书写华不注的青翠可人。

　　乾嘉间，山东学政阮元依然在其文章中写华不注之青翠，称其"秀削孤清，苍翠湿人眉宇，即郦道元所称'单椒秀泽'者也"。此颇令人生疑，毕竟，早在清初诗人方文的诗中，华不注便已经是"礌砢千万石，上下无一树"（《华不注》）了。笔者思之再三，终得一悟——是意象所致，是华不注的"青绿意象"所致。

　　千百年来，大量的古代诗文及其他文献上关于华不注青翠山色的记载描述，业已在人们心目中形成了华不注的"青绿意象"，这种超越真实存在的、由艺术作品建构的华不注的"青绿意象"，先入为主地存在于人们的脑海里，它似乎比眼前的真实存在都有力量。

这叫作：意念中的真实。

第二节　烟雨之美

一、"湖阔数十里，湖光摇碧山"的"水中山"佳景

华不注的青翠，即良好植被，多赖于水源。

华不注的名称来历，便与水结下了不解之缘。据乾隆《历城县志》引顾炎武《山东考古录》："华不注，伏琛《三齐记》云：'不'音跗，读如《诗》'鄂不韡韡'之'不'，谓花蒂也。言此山孤秀，如花跗之注于水也。"由此可知，华不注的名称来历便是：此山酷似一注水的花骨朵也。

华不注的绿水青山，乃是鹊山湖水的浸润和滋养；而鹊山湖，则来自济南趵突泉及众泉之水："鹊山湖，城北十五里，泺水自大明湖北流，绕于鹊华，汇为湖。"（乾隆《历城县志·山水考三》）

赵孟𫖯《趵突泉》诗有"云雾润蒸华不注，波涛声震大明湖"句，而趵突泉与华不注相距数十里之遥，许多看客以为夸张，其实不然，因为鹊山湖水主要来自趵突泉（泺水），其"云雾润蒸华不注"，理所当然。

元代诗人郝经《华不注行》称"济南名泉七十二，会为一水来浸山"，准确而精致。

有浩瀚的鹊山湖环绕，在相当长的历史时期内，华不注是作为"水中山"而卓立世间的。

所以大诗人李白有"湖阔数十里，湖光摇碧山""含笑凌倒景，欣然愿相从"的美丽诗句写鹊山湖，写华不注的水中山美景。

鹊华环峙，泉流交注，湖光山色，映带左右，诚天下奇观也。

二、烟雨之美

济南多泉，多水雾，其烟雨景观美不胜收。而华鹊一带自古湖水浩瀚，后虽水势减小，荷塘莲池依然在在皆是。鹊华并峙，两山连亘，每当含烟欲雨或风片雨丝之际，云气苍茫，轻雾弥漫，若有若无，若离若合，朦朦胧胧，宛若仙境。鹊华二山完全漂浮在烟雾之中，犹如一幅水墨山水画图，昔人乃合标其胜为"鹊华烟雨"。

第三节　独立平楚、世间罕有的奇特造型：独立之质与孤秀之美

一、独立不倚的风姿与人格精神的建构

"单椒秀泽，不连丘陵以自高；虎牙桀立，孤峰特拔以刺天。"

直上如笋，四面无所倚，独立撑苍烟。

这样造型奇特的山，世所罕见。

华不注独立于平原之上，高耸峻拔，一无依傍，一无遮拦，不像别的山岭是山连山、岭连岭而高大起来的，它似乎完全是依靠自身的力量而出落得如此奇崛秀丽。

于是，历来的文人雅士都被华不注的这种风采和风骨所倾倒，将其作为独立不倚的崇高人格精神之化身。

自然界的事物，一旦与文化、与人文象征搭上边，那影响、那声势，就难以衡量了。

由华不注一柱撑天的奇绝，深入到人格精神的感悟之中，在郦道元的"单椒秀泽，不连丘陵以自高"里已经隐含着这种意蕴，而后代的诗文将此内涵更加鲜明化、人格化了。如元代郝经《华不注行》："意气不欲随群山，独倚青空迥然立。平地拔起惊屠颜，剑气劲插青云间。"

再如明代王廷相《华不注歌》："平地突兀青刺天，不一倚附资维持。"在这首诗的结尾，他干脆以"孤臣"来比华不注了："呜呼！……孤臣独立兮，不愧兹石，浩荡沉瀁兮，极于两仪。"

这样一种以华不注象征为不借因依、独立不倚的理想人格与崇高精神的诗篇，后世绵延不绝、屡见不鲜，应该说，这不仅极大地拓宽了作品的思想境界，也展示了诗人们各自不同的艺术风格与艺术视野。

值得一提的，更有志士在民族存亡的关键时刻，借华不注表达英勇不屈的民族精神。如明清鼎革之际阎尔梅的《发华不注有感》中豪迈地吟唱："自经离乱无侪辈，孤立秋空气岸然。"

二、华不注"孤秀"之美解说

华不注，不唯是独立峻拔、风骨劲健，还有由这"孤独"造就的独特美感，古代审美家称之为"孤秀"的便是。

孤秀之美，特殊而稀见。

"言此山孤秀，如花跗之注于水也"，这注水的花骨朵儿，正是"孤秀"的释义。你看，孤零零的，没有伙伴，没有衬托，但它却是水灵灵的，滋润的，生机饱满，孤拔优异，秀丽特出。

红花衬绿叶是美，"独放一花鲜"也是美。

以之喻人，或更为切近。

鲁迅说："五四"退潮后，先驱大侠们都一个个"转行"了（"有的颓唐，有的落荒"），只剩他独自一人，在风烟大漠之中艰难跋涉。

眯眼思之，可不正一幅悲壮的"孤秀"图？

还有嵇康。

嵇康美风姿，有奇才，《世说新语》曾这样形容嵇康的俊美风度："萧萧肃肃，爽朗清举"，"嵇叔夜之为人也，岩岩若孤松之独立；其醉也，傀俄若玉山之将崩"。（《世说新语·容止第十四》）嵇康为曹魏宗亲，因钟会所谮，为司马氏所害。当其时也，三千太学生请愿赦免，昏聩的朝廷不许。东市临刑时，嵇康"顾视日影，索琴弹之"，这是旷世绝调《广陵散》，天下唯有他能演奏。演毕，他说："当年袁孝尼想跟我学《广陵散》，我因为吝惜没有教他，《广陵散》自此绝矣！"

生如夏花之绚烂，死如秋叶之静美。卑鄙告密的小人与残暴无知的君王，如今早已被历史烟云所掩埋；唯有他，孤傲成一朵世间最美的花。

当然，这孤秀的价值，并非只是如鲁迅、嵇康般的悲壮激烈，这是孤秀之为孤秀的最切近人性的品质：它与草根民众密不可分。

孤秀，不分贫富贵贱，地位高低，要的是内在饱满的精神。

嵇康

第四节　"双夫人山"与组合对应之美

"隔水正望华不注，疑临玉镜窥烟鬟。是耶非耶看不定，尹邢双照蛾眉弯。"这是王士禛《归经鹊华二山间即目》一诗中描绘鹊华烟雨的名句，在后世引起强烈反响。

尹、邢谓谁？那是汉武帝最美丽也最宠幸的两个妃子尹夫人、邢夫人的并称，而美不胜收的鹊华倒影，就像尹、邢二位夫人双双在明镜中照着她们美丽的蛾眉一般。因担心二位美人见面后由于彼此美貌而互生嫉妒，所以汉武帝有诏二人不得相见，这就是成语"尹邢避面"的来历；然而，美丽的鹊华二山却天天在一起展现美姿。此奇思妙喻一经出现，立即在诗坛上引起轩然大波，一时赞赏者、仿效者颇不乏其人。而王士禛的创造不是偶然的，它与郦道元"青崖翠发，望同点黛"有着明显的继承关系。

华鹊二山，历来是一对"妙搭"。清人王培荀说："鹊、华二山在城北，华独高秀，《水经注》以为'虎牙刺天'，李太白拟之'青芙蓉'，皆妙于形容。渔阳自北来，望见鹊、华，比之尹、邢。二山平地拔起，如英雄不阶尺土，尤为奇也。华以高胜，侧看逾秀；鹊山横列翠屏，扁鹊尝烧药于此，产阳起石，盛雪不积。登汇波楼，眺望翠色，近在眉睫。"自元代赵孟𫖯作《鹊华秋色》图，此二山更成为不可分割的一体，而以"鹊华烟雨"之名进入济南八景之列。朱照

鹊华二山

《华柎春霭图》诗："有时赤晕映晴旭，有时白云遮半腰。随时变态见奇丽，鹊巘卧牛色相交。"诗人们往往写华山而不离鹊山，写鹊山而不离华山，正是二山组合对应之美所致。

第五节　奇石之美

华不注素以奇石闻名。由华阳宫攀延而登，沿途所见"奇石杂列，若虬龙虎豹，盘踞奋扬"。清代诗人董芸写有《华不注奇石歌》："怒者如奔马，错者如犬牙。横者如折带，乱者如披麻。或高而如抗，或抑而如坠。或如几案平，或如矛戟锐。"

华不注奇石，有前龟、后蛇、左龙、右虎之称。在华山的西麓，有一块巨石似行走的老虎，人们称之为"虎石"；在山之东有块形似卧龙的石头，人们称之为"龙石"。相传龙石、虎石是吕祖道观的护山门神。在距吕祖庙下不远处有一巨石，像一巨龟伸着头向山上爬；而山的西北角，有一石似蛇从山隙中伸出头来，恰似蛇嘴。四石实可谓绘形绘神，天工巧妙，使人惊怪叹奇，目不暇接。另外，在山阳之东，还有几块巨石形成的"仙人桥"景观，其中一巨石摇摇欲坠，令人触目惊心。

单就古人诗文而论，谈及华不注奇石的不一而足。如明代王廷相《华不注歌》："苍壁峭孤云，怪石蟠虬龙。"叶承宗《登华不注》诗："我爱华不注，兹峰何秀特。奇峦变形势，怪石殊颜色。"此外清初诗人董文骥写过《华不注》诗，深得王士禛激赏，而其妙笔恰在奇石。诗云："云根出于石，石状殆千百"，"或攒高青剑，或排涩玉戟；或如覆盆罍，或如秩秆核；或敞如玄堂，或削如铁壁。行阵整如战，棋置散若奕。舒而平如掌，负而立如跖。趁而欲搏人，怒而自相龃。"真是姿态万千，令人大开眼界。

第六节　"忠孝山"之名与转侧之美

一、华不注素有"忠孝山"美称

作为中国古代忠与孝的两大典型人物逄丑父和闵子骞的故事，都发生在华不注山下。忠与孝，是传统美德，也是中国人自古至今最重要的两大价值观念。明代，华阳宫称崇正祠，主祀逄丑父、闵子骞；其后在四季殿前两侧有忠孝祠，专祭逄丑父、闵子骞。故华不注素有忠孝山之美称。元代，山东提学陆钶在《崇正祠碑记》中慨叹道："余尝登华不注，有遗慨焉，逄丑父之忠，伟焉烈矣；闵子骞之孝，醇焉至矣，华泉取饮，脱君虎喙，兹非此地乎？而费之庙食，几为华阳之墟矣，余安得已于慨耶？"他说古人"过画邑者必思蠋，入孝堂者必思巨，登华不注而不吊逄、闵二公，故忠臣孝子之思何？"

忠孝祠前立碑

二、华不注的转侧之美

在不同的方位和角度观察华不注，则有不同的美感，古人所谓"横看成岭侧成峰""转侧看花花不定"之谓也。比如，郦道元将华不注比作"单椒"，而李白则比作"绿芙蓉"，此观察方位与角度不同所致。曾常年居住在华山东南角竹旬村（今祝旬村）的清代诗人朱照深谙此中原委。他说："华不注山，正面东南向，在八涧堡、竹筒两村间望之，丰隆丕大，形如决苞芙蓉，故曰'华栎'。赵松雪画《鹊华秋色》，寄贻周公谨密，在城隅间望之，取其侧面，乃作单椒尖山。后人辗转效颦，无非尖峰瘦削之形，'华栎'名目全失其真。余旧居竹筒村，华不注山自幼所习见者，画正面，山不失华栎之形，非徒翻新尚奇也。"

华不注山平原独立的特点，让人得以从各个方向欣赏华不注，从而在文字中留下了它的不同美的描述。

JINAN 济南故事

第二章

≈

壮士三周战气酏

"仙梵开初地，春秋识旧名"，清代大诗人朱彝尊在其《华不注》一诗中，开篇即点出华不注在历史上的重要地位，它之所以著名，正因为它是春秋时代的古战场，齐晋"鞌之战"即发生于此。

济南南依泰山，北临济水，自古就是兵家战地。华不注地区的战略地位尤其重要，发生在华不注脚下的战事就不胜枚举。公元前684年，济南地区划入齐国的版图，成为东方大国齐国通往内陆的门户，也成为春秋五霸、战国七雄争胜角逐的重要战场。春秋时代，齐国既和近邻鲁国争战，又要和晋国为争霸权而战争。战国时代，齐国还要防御强大的楚国已扩张至其南境的进犯，更要全力抵御强秦的入侵。于是，济南便成为齐国的战略要地。这时期，在济南发生的最有名的战役，是晋、鲁、卫诸国联军征齐的"鞌之战"。

《左传》记录了发生在华山的著名战役"鞌之战"。据《左传》记载，鲁成公二年（前589），晋国的执政卿士郤克为报齐王羞辱之仇，借鲁、卫求援之机，发兵攻齐。齐顷公亲率大军在今济南北马鞍山下摆开阵势，与晋军进行决战。齐顷公骄傲轻敌，言称"灭此而朝食"，不给战马披上铠甲而参战，结果，"齐师败绩"。齐顷公被晋军追逼，"三周华不注"，绕着华不注山转了三圈，幸得大臣逢丑父与之更衣换位，并佯命其到山脚"华泉"取水，始得趁机逃脱。鞌之战是发生在春秋历史进程中具有重要意义的一次战争，晋军通过运用正确的战略战术，击败自命不凡的齐军，赢得重大的胜利，并且迫使齐国与其结成同盟。这不仅重振了晋国的雄风，改变了同楚国角逐中原霸权的不利态势，也重建了自己的中原霸主地位。

因为战争的主战场为鞌，故历史上称这场战争为"鞌之战"。鞌，在今济南市区西北北马鞍山下。对于济南来说，齐晋鞌之战是先秦时代发生在这一地区的规模最大的一场战役，对后世济南的影响十分深远。在历代文人雅士吟咏华不注的诗文中，凭吊古战场的诗文成为一个永恒的主题，不仅数量众多，而且质量极高，出现了很多名人佳作。

第一节　嘲笑残疾，纷纷轻薄埋祸根

我们生活的文明世界，有不少虽未明于法律却是约定俗成的规则，比如，不能拿人的生理缺陷开玩笑，嘲笑残疾人，这是无分国籍、无分古今一致公认的恶劣行径。

在鞌之战的故事中，正是由于嘲笑残疾的恶行，才为战争的爆发埋下了种子。

史书中记述这场战役的文字十分生动传神，极富传奇色彩。我们先来看看对战双方齐国和晋国的情况。

故事的主角之一齐顷公无野是齐桓公的孙子。齐桓公在位期间，任管仲为相，推行改革，实行军政合一、兵民合一的制度，齐国逐渐强盛。公元前681年，齐桓公在甄（今山东鄄城）召集宋、陈等四国诸侯会盟，齐桓公是历史上第一个充当盟主的诸侯。他提出"尊王攘夷"，打着这个旗号，积极展开对外活动，北击山戎，南伐楚国，成为中原霸主。但是好景不长，齐桓公死后，诸子相继争位，进行了长达30多年的血腥斗争。持续不断的内乱，大大消耗了齐国的国力，以至于狄人屡屡侵犯，齐国深受其扰。直到齐惠公即位后，外服于强晋，修好宋鲁，内明政治，齐国大治。不过惠公年老，在位5年就去世了，齐顷公无野即位。齐桓公诸子相继争位的过程到此终结。

而晋国在经历了城濮之战大败楚国后，晋文公重耳大会诸侯于践土，开始争霸中原。晋国与楚国为争夺对中原地区的控制权，不断进行着争霸战争。公元前597年，发生在晋楚两国间的邲之战，是春秋中期的一次著名会战，是当时两个最强大的诸侯国——晋、楚争霸中原的第二次重大较量。楚军一洗城濮之战中失败的耻辱，在中原争霸斗争中暂时占了上风，中原地区中小诸侯国皆臣服于它。作为战败国的晋国，势力一落千丈，霸业衰落。此时的齐国见到晋国霸权地位的动摇，渴望挣脱晋国的束缚，重振齐桓公的霸业。而晋景公即位后发奋图强，有意再续往日霸主地位，于是，晋国筹划着召开断道之会，共谋对付楚国。

故事就是在这样的背景下发生的。

齐顷公七年（前592），晋景公派大夫郤克出使齐国，邀请齐国参加断道之会。在鞌之战中，郤克是另一个重要的角色，他的行为举动对齐晋关系及鞌之战的走向产生了非常大的影响。

郤克邀鲁国大夫季孙行父、卫国大夫孙良夫和曹国的公子首一同出使齐国。晋及鲁、卫、曹四国均是姬姓，他们一起来东方大国、世姻之邦的齐国进行聘问，实际上是筹备结盟以遏制楚国。但是齐顷公自恃强大，不愿意以姬姓的晋国为首组织联盟，想让鲁、曹、卫等国直接依附齐国，但又不能反对他们抵制楚国，在这种矛盾的心理下，表现出了对晋、鲁等国的轻慢。

郤克患目眇，只有一只眼，碰巧季孙行父是个秃子，孙良夫是个跛子，而公子首又是驼背，四位使臣在生理上都有缺陷。这一巧合被好事的侍臣们看在眼里，传入宫中，齐顷公的母亲萧同叔子很希望看看这个场面，满足一下自己的好奇心。齐顷公为讨母亲萧同叔子的欢心，在接见列国使臣的时候，竟然安排母亲以及嫔妃侍女登台观礼。他特意在自己的侍臣中挑选类同的残疾者去迎接招待四国使臣。他派一名眇者引导郤克，其他也是如此，秃子陪秃子，瘸子陪瘸子，罗锅陪罗锅，大家鱼贯而进。齐顷公之母萧同叔子常落寞寡欢，从不知笑，然而眼前这滑稽的场面，让在场之人不禁哄堂大笑，萧同叔子也"处台上而笑之"。郤克等在看到这种巧合的接待人员时早就诧异，现在听到后宫妇女的笑声，非常气愤，觉得受到戏弄，被人当笑料，简直是奇耻大辱。在会见仪式完毕后，使臣们仍在厅堂中愤怒地议论，久久不散。齐国的一些官员们看到后担心地说：我们齐国很可能会受到报复。（《谷梁传》）

对于这段描述，《左传》《国语》《史记》中皆有记载，大致相近。而新出清华简《系年》十四章，以郤克为中心人物，专门讲述了鞌之战的过程。《系年》中说："齐顷公使其女子自房中观驹之克，驹之克将受齐侯币，女子笑于房中，驹之克降堂而誓曰：'所不复诟于齐，毋能涉白水。'"该文没有更多提及萧同叔子，而郤克的愤怒更多的是因为齐侯对晋国的羞辱。聘礼授币是极重要的外交礼，成礼双方应态度庄重，而郤克授币之时，女子"笑于房"，对郤克与晋国的羞辱可想而知。

果然，郤克于会见后发誓说："如果不报此辱，今后誓不过河。"发誓要报仇雪耻。郤克回到晋国，立即请求晋景公出兵，晋景公没有轻易答应。尽管晋国有着较强的实力，但是要打败齐国，还是存在较大的风险。盛怒之下，郤克又想自己带兵攻齐，也被晋景公拦住了。

晋景公有他自己的考量，他以楚国为战略进攻目标，并不想与齐国结成仇隙，一直指望齐顷公能够参加本年六月的断道之会。然而，据史书记载，晋国主持的诸侯会盟，始终以大国自居的历代齐君皆不曾参加。所以断道之会，齐顷公也是不会去的，只是派高固、晏弱、蔡朝、南郭偃组成代表团赴会。齐国使团赴断道之会途中，可能因为害怕郤克报复而借故逃回齐国，然而，郤克怎会轻易放弃这难得的报复机会？《系年》云：既会诸侯，驹之克乃执南郭子、蔡子、晏子以归。郤克还是派人追上了齐国三大夫，将他们俘虏。抓捕齐三大夫是其泄愤复仇的行为，最后因有人向晋侯进言，齐国三人才被释放。

齐顷公八年（前591）春，晋景公率领晋卫联军抵达阳谷，以讨伐齐不赴断道之会之罪。齐顷公闻讯，只好迎上前去同晋会盟，还把公子强送给晋国做人质，与晋国结盟而还。齐顷公的结盟虽然是被迫的，但是为了抗楚，齐晋也只能结盟。不久楚庄王死，鲁宣公也去世，形势有了新变化。鲁成公即位之后，当年又和晋国重申盟约。齐国则乘楚国无暇外顾、鲁国国君初立的时机，不想和晋国联合，而是想迫使鲁国等邻国尊自己为盟主。

齐顷公十年（前589），齐国连续进攻鲁国、卫国。卫国孙良夫、鲁国臧宣叔一起去向晋国求援。此时，郤克已是晋中军主帅，并主持国政，掌握大权，故而经他的鼓动，晋景公下决心出手，兴兵伐齐，战争由此爆发。

第二节　灭此朝食，狂妄自大遭报应

晋侯许给郤克出动兵车700乘，郤克却说："这是城濮之战的兵力，我的才干远不如在城濮之战中立有战功的先轸等人，所以请给我800乘战车。"晋侯答应了，由郤克将中军，士燮佐上军，栾书将下军，韩厥为司马，去救鲁、卫两国。晋军浩浩荡荡而来，于当年六月与鲁国、卫国和曹国的部队相会，在莘地（今山东莘县）和齐国军队遭遇。

齐顷公见到以晋军为主力的四国联军来势汹汹，遂迅速撤军，将队伍拉回齐国西方门户——济南地区，在鞌地部署备战。鞌，即今济南市北马鞍山。齐军自以为首先占了地利——在熟悉的本国之内，又可以以逸待劳，因此信心十足地在马鞍山前布下军阵。

六月十六日，齐晋两方军队来到了靡笄山（历山）下，齐顷公派使臣前来

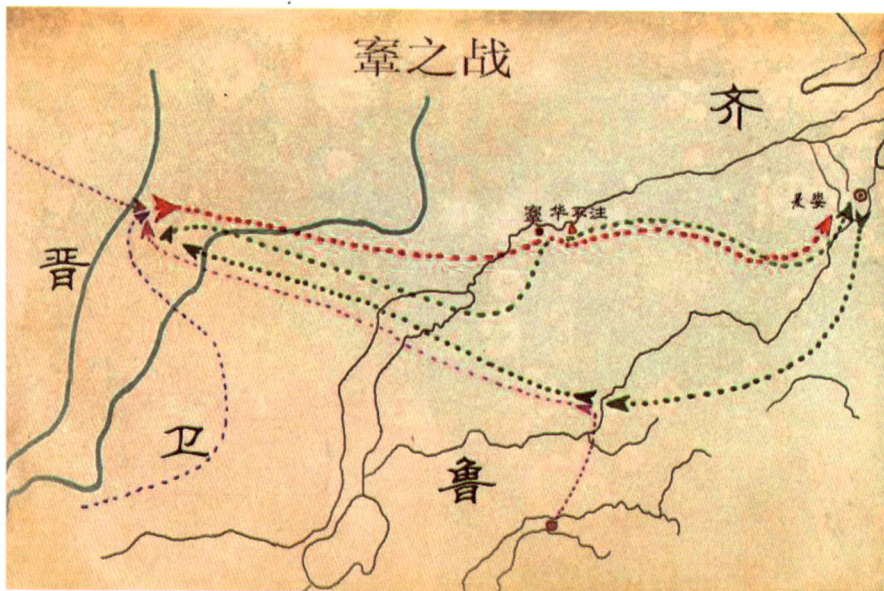

鞍之战地图

向晋约期请战，说："您率领你们国君的军队，来到我这小地方，我虽兵力有限，也请明早会上一会吧。"郤克回答说："晋国与鲁、卫两国，是兄弟之邦。他们前来告诉我国君说：'齐国总是到我们这疲弊之地来作乱。'我国君不忍，才派遣我们几个来贵国求情。军队能进不能退，一定遵照贵国国君的命令，明晨来相会。"齐顷公回复道："我希望你能应战，就算你不答应，我们也将兵戎相见。"

会战前齐军士气非常旺盛，因为他们刚打败了鲁、卫两国军队，现在于本国大门内迎战，自认必胜无疑。甚至上次被派参加断道之会半途溜走的齐国将领高固也趾高气扬，只身闯入晋军营垒，举起石头投向对方的战车，并力擒一名士兵。将要回到齐营的时候，他拔起一株桑树，系在车后，巡行示众，以此来炫耀自己的武力。这样的举动貌似强大，实则有勇无谋。他还说："来啊，我还有余下来的勇力，谁要可以卖给他。"一副自恃勇力、目空一切的样子。这也是"余勇可贾"典故的出处。

第二天，双方列阵于鞌。齐军主帅是齐顷公，邴夏为齐侯驾车，为他保驾的是逢丑父。古代的兵车，御者在中间，主人在左边，右边另有一人护卫。这也为后面的发展埋下了伏笔。齐侯踌躇满志，登车向将士们喊话，说："余姑翦灭此而朝食"，意思是等打完胜仗再吃早饭。齐侯口出大言，自以为胜券在握，不给马穿上甲衣就驱车向对方杀去。齐国君臣这样不讲战略战术，骄傲自大，正是他们遭遇大败的原因。

第三节　同仇敌忾，壮士三周华不注

晋军一方，主帅是郤克，战车上，解张御车，郑丘缓在右。郤克作为晋国的主帅掌司旗鼓，指挥战斗，是军队的灵魂人物。不幸的是，战斗开始不久，他就受了伤，一只飞箭射伤了郤克，鲜血一直淌到鞋上。虽然进军的鼓音并未停止，但郤克多次说"余病矣"。在你死我活的战争中，在当时的情境下，他有些退缩了，想撤回晋军的营垒。

这时，他的御夫、车右都训斥了他。解张说，大战刚开始，自己就被弓箭"贯手及肘"，手和肘都被弓箭射穿了！但他坚毅地折断箭杆继续驾车，左边的车轮都被鲜血染红了。车右郑丘缓说，从大战开始，每每遇到险要而战车不好前行的路段，他就冒着危险下去推车，主帅难道视而不见？解张又接着说，战士们听从旗帜的指挥，听鼓声前进，只要帅车上的帅旗不倒，鼓声不停，就可以获得胜利。他们以"吾子忍之""吾子勉之"的话语激励郤克，请他坚持，不要坏了晋君的大事。

一番话鼓舞了郤克，也反映出晋军方面同仇敌忾、顽强战斗的精神。解张用受伤的左手挽着缰绳，右手拿着鼓槌击鼓，督促军队前进。他受了伤，力气不足，只能任马直奔，止它不住。然而歪打正着，晋国联军看到旗车勇猛向前，士气大振，争先恐后奋勇冲锋。晋军一拥而上，齐军抵挡不住，阵脚大乱，败下阵来。

齐军溃败，晋军追击，双方绕着华不注山，你追我赶，转了好几圈，这就是所谓的"三周华不注"。

晋军司马韩厥驾驶着另一辆战车，紧紧追赶齐侯。韩厥前一晚梦见自己已去世的父亲对自己说："明天早晨不要站在战车的左右两侧！"因此韩厥站在战车的中间，驾车离齐侯越来越近。邴夏回头看到韩厥追了上来，对齐侯说："射那个驾车的，他是个贵族。"齐侯说："明明知道他是贵族，又去射他，这不合于礼。"于是射他左边的人，其人坠落车下；射他右边的人，那人也倒在车里。恰好晋军将军綦毋张失去战车，跟随韩厥，说："请让我搭车同行。"韩厥让他站在自己身后，以免綦毋张受害。

逄丑父为了保护齐侯，趁机和齐侯交换位置，以便不能逃脱时蒙混敌人。

想要摆脱晋军的追击并不容易，因为那个时候的战车都是木制的车轮，道路也是坎坷的土路。将要到达华不注山下的华泉时，齐侯的骖马被树枝钩住，动弹不得。丑父昨日睡觉时，有蛇从他身底出现，他以臂击蛇，手臂受伤却隐瞒了伤情，所以这时也不能推车，眼看着韩厥追了上来。

韩厥下车，误以为逄丑父就是齐侯，他来到"齐侯"的马前，拜两拜，然后下跪，低头至地，行了臣仆之礼。他捧着一杯酒并加上一块玉璧向"齐侯"献上，说："我们国君派我们这些臣下为鲁、卫两国求情，他说：'不要让军队深入齐国的土地。'臣下不幸，正好在军队任职，我不能不尽职作战来俘获齐侯你。"逄丑父见骗过了韩厥，就用君主的口气命令齐侯下车，往华泉去取水来给自己喝。而齐侯登上郑周父驾着的副车，急忙脱身逃走。

韩厥献上逄丑父，郤克见不是齐侯，大怒，命令手下杀掉逄丑父。丑父面对死亡，呼喊道："自今无有代其君任患者。有一于此，将为戮乎！"他没有对晋人表达不满，而是不失风范，悲凉地说：从今以后，再无义士替君王赴死。人世间确有一个，就是我！今天也要被人杀戮了。这个悲壮的义士感动了郤克。郤克说："一个人不畏惧用死来使他的国君免于祸患，我杀了他不吉利。赦免他，用来鼓励侍奉国君的人。"于是赦免了逄丑父。郤克这两句话，今天读起来还是那么感人。古时候的人敬仰忠臣，华不注山也因逄丑父这千古忠臣添了忠义的色彩。

齐顷公脱险后，派勇士突击到晋国联军中搭救逄丑父，但三进三出都没有找到，只好整军撤退，从徐关退到都城临淄。晋国联军也向东进军。

齐侯此时不得不承认失败，他派正卿国佐去晋师求和。国佐带着纪甗（yǎn，礼器，齐国灭掉了纪国后获得的战利品）、玉磬以及割地的图卷前去求和，临走，齐顷公授意国佐说："如果对方不能接受议和的条件，我们也只能背水一战了。"

《左传》云：宾媚人（国佐）致赂，晋人不可，曰："必以萧同叔子为质，而使齐之封内尽东其亩。"郤克提出了齐国必须答应的两个条件：一，齐国要把齐侯的母亲萧同叔子作为人质让晋国带走；二，要将齐国境内的田垄沟渠都改为东西走向。

从晋国提出的要求来看，郤克向萧同叔子复仇的决心斩钉截铁，不可动摇。另一方面，晋军在此次追击齐军的过程中发现，齐国南北向的沟渠阡陌，严重影响了晋军的追击速度，所以齐军才能从容地回撤，因此改向是为了将来晋国兵车可以顺利进出齐国。

国佐据理力争，说："我们国君的母亲，身份、地位相当于你们晋国国君的母亲。以国君之母为人质，这是让诸侯不能守孝，这样做太不道德了吧！另外，先王治理天下，让农民根据自然状况确定土地东西还是南北种植，所以《诗经》有'南东其亩'之句。现在要求'尽东其亩'，这是违反先王之命，违背天理，是大不义行为。我们齐国对这样的条件是绝不能接受的。"他提出，倘若晋国一定坚持这些无理要求，那么，齐国不惜决一死战。

虽有郤克坚持他的要求，但大国的政治妥协不以个人意志为转移，鲁、卫等国听到可以讨回以前被齐侵占的土地，又怕齐国死战会严重伤害自己的国家，就劝说晋国停战。郤克看齐国如此强硬，鲁、卫不愿再战，因此四国联军撤兵而去。在齐国使者国佐与鲁、卫等诸侯国的劝说下，郤克放弃索要萧同叔子，晋国答应了齐国的议和条件，而齐国归还了侵占鲁、卫的土地。

鞌之战的惨败，沉重打击了齐国的气焰，也彻底结束了齐国的霸业。鞌之战的次年，齐顷公朝晋，打算尊晋景公为王，晋景公不敢受，齐顷公才返回。但是也正从此之后，齐国因祸得福。齐顷公一改原来作风，弛苑囿，薄赋税，关心民生疾苦，外敬诸侯。一直到齐顷公死，齐国百姓依附，诸侯不犯。

第四节　后世影响：看山如读书，凭高发长啸

清初诗人王士禛在其《华不注怀古》中写道："齐晋昔更霸，往事可怜伤。岂知夫人笑，遂招四国殃。"

鞌之战对后世济南的影响十分深远，以致在历代文人雅士吟咏华不注的诗文中，凭吊古战场成为一个永恒的主题。

这场著名的战争，由骄横自大的齐顷公侮辱嘲弄晋国大臣郤克而埋下祸根，其后，不可一世的齐顷公却在济南的鞌被郤克率领的晋军打得一败涂地，最后竟然绕着华不注逃了三周。这场战争从前因到后果，整个过程曲折生动，紧张激烈，充满戏剧性，而且出现了一个古今称颂的大忠臣——逢丑父，他舍身救主的壮举被代代传颂。

这场著名的战争，自然也为文学创作提供了最为丰富的创作题材。如曾巩《华不注山》："高标特起青云近，壮士三周战气酣。丑父遗忠无处问，空余一掬野泉甘。"赵执信《华不注山行》："跛者御，跛者登，妇人帷房闻笑声，笑声未绝晋师兴。华不注山干青冥，山前东亩何纵横。欲寻丑父易位处，华泉之水今犹清。纪鄣与玉磬，差异城下盟。寡君奉亲以色养，岂意社稷将随倾。呜呼，宁独巧笑能倾城！"符兆纶《华不注》："一笑几倾国，兴师为释斯。竟忘蜂虿毒，遂起虎狼贪。山色愁凝碧，泉声咽泻蓝。三周怀往辙，跛者尔何堪。"

诸如此类的诗作，可谓汗牛充栋，不过论及诗作的主旨，大致主要集中为两点：一是反思和检讨此次战役的性质，认为无论是为博得母亲欢心而作弄使臣的齐侯，还是为发泄一己之私念而不惜兴师动众的郤克，他们都不以社稷为重，将军国大事视为儿戏，因此战役的双方俱无正义可言；二是表达对逢丑父的敬意，认为他舍身保主，是忠臣义士的典型，值得歌颂和缅怀。

JINAN 济南故事

第三章

忠孝之祠何处问

华不注山山脚的华阳宫有忠孝二祠，主祀逢丑父与闵子骞。

忠与孝，是中华民族的传统美德，也是中国传统文化中最重要的两大价值观念，而说到中国古代忠与孝的典型人物，非逢丑父、闵子骞莫属，而这两个人的忠孝故事与历史遗迹，都与华不注密不可分。

华不注，乃是中国传统忠孝观念与其两位代表人物故事的生成发端地与文化承载地。有道是：三周华不注山，逢丑父易服救主，成就千古美名；一心传道解惑，闵子骞讲学汶上，俎豆华山之阳。

我们的话题，先从华阳宫谈起。

第一节　济南巨观华阳宫

华不注脚下的华阳宫建筑群是济南地区最大的古建筑群落，依山临湖，历经千载不衰，外可览岳峙川流，内则祀三教人神佛，集山水雅趣和宗教人文于一身。

从地理位置上看，华阳宫坐落于华山山阳，依山临水。华不注单椒秀泽，黄河（古时谓济水）与小清河二川奔流，鹊山湖烟波浩渺，华阳宫如同一颗山水间的明珠。登临于此，仰看山景，俯察湖水，风光美不胜收。这是华阳宫风光殊绝之处。明人刘敕《泰山行宫建庙碑记》中言："华山峙于历邑之东北，孤峰插天，二山环抱，秀气绵纭，宛若芙

华阳宫古建筑群标识

华阳宫—宫门

蓉然，亦群仙空洞之府。"

华阳宫，是华阳宫古建筑群中的一座庙宇，因其规模最大、历史最久，所以人们概称此建筑群为华阳宫。其实此地还有泰山行宫、关帝庙、三元宫、玉皇宫、三教堂等寺观。每座庙宇均依轴布局，左右对称，围墙封闭，自成体系，体现了我国古代传统的建筑格局。它们依山就势，高低错落，相间有序，是一处整体规模宏大的古建筑群。由此可以看出，华阳宫作为一个宗教场所，集佛、道、儒三教为一体，在历史上曾扮演过重要的历史文化角色。各教派的发展，在济南的宗教文化历史发展中占有重要地位。

首先，我们来看一下华阳宫的建立与发展演变，了解一下其千年来的发展脉络。

1985年，在济南市舜井街，出土了元至治三年（1323）由张起岩撰文的《迎祥宫碑》，记载了华阳宫初创的情况。碑文是这样的："重玄子陈公志渊之来济南也，即府治东北华不注山南麓结庐托处，属金兴定庚辰（1220）岁，明年则徒稍集，遂迁于山之北，又七年，正大戊子（1228），奠居山之阳，今所谓华阳宫者。"

由此可以看出，华阳宫初建，应当追溯到金末。陈志渊是何许人呢？碑文中说："重玄子，河间人，幼归全真教，师事长春丘真君，赐号圆明大师。"由此看出，陈志渊是河间人，自幼加入全真教，师从长春真人丘处机，号圆明大师，是华不注山道教开创者和华阳宫始创者。

那为什么选择在华不注山创立华阳宫呢？碑文中也有解释："窃谓济南之城面山负渚，地灵则秀，为山东名藩。历城县名县历山，舜有祠，盖久也。环城诸山，若锦屏、龙洞、佛岩、奎、函、匡、黄、鹊、药，北不雄且丽，而巉岩万寻，孤撑云表，则华不注山为之冠。峻秀之语，见称李白，非偶然也。合之二美，重玄子兼而有之，识见固以常哉！"

这里可以很清楚地看出，华不注山临近府城，从唐宋以来就是著名的游览胜地，且峻秀为诸山之冠，选择这里作为全真道的修炼之地，自然是非常合适。而且，从李白数次来鹊山湖一带游历并在华不注山留下诗句来说，华不注山有着深厚的道教神仙的文化底蕴，或许此地已存有较早时留下的规模较小的

华阳宫二宫门

建筑。

金元时期，济南的湖山泉林胜景受到文人墨客们的高度赞誉，优美的风光吸引着众多文人雅士，使他们表达出"有心长作济南人"的感叹，当时最重要的景观就是华不注山和趵突泉。王恽在《游华不注记》中说道："济南山水可游观者甚富，而华峰、泺源为之冠。"赵孟頫的《鹊华秋色》图问世之后，华不注山成了文人士大夫到济南的必到之处，华阳宫也因此成为游客歇脚的好地方，道士们对一些地方官和知名人士殷勤招待。时任提刑按察副使的王恽曾乘舟游华不注，到华不注山下后，"扶腋登岸，相与步入华阳道观，主人方布几延宾"。

到了明嘉靖年间，华阳宫却遭遇了创建以来的非常大的一次危机。嘉靖十一年（1532），朝廷诏令天下禁毁淫祠，于是山东有人便提出禁毁华阳宫。时任山东巡抚袁宗儒接到禁毁华阳宫的建议后，提出："祀淫匪彝，毁成匪俭。匪彝典将废，匪俭民将戕。盍存旧而新之，以正易淫？"在他看来，淫祀必须禁毁，但如果简单地一毁了之，不如利用正祀取代淫祀。时任山东提学副使的陆钺身负教化之责，他也提出：华不注山历史上的逢丑父、闵子骞作为忠臣孝子的典型，完全符合儒家祠祀的标准，应该在华不注山对其进行祠祀。最后，经布政司和按察司批准，华阳宫改为"崇正祠"，并进行了改建。

华阳宫改为崇正祠，最大的变化是由原来的道家宫观变成了国家认可的儒家的先贤名宦祠，改变了全真道在华不注山一枝独秀的局面。也正是袁宗儒和陆钺等人的坚持，使华阳宫摆脱了被禁毁的厄运，为我们保留下完整的建筑。

明万历六年（1578），华阳宫又迎来一次重大的考验。朝廷对华阳宫进行重修，华阳宫正殿中的四尊神像变成了古代神话中代表四季的"四帝"，可保四时调和、风调雨顺。之前供奉的四尊神像是谁，如今已经不得而知，但是作为道教占主流的华阳宫来说，可能是道教塑像，而重修之前，应该已经处于无人问津的境地。此时，重新确定华阳宫正殿中四尊神像的身份，无疑说明这些更容易被老百姓接受并信仰，道教民间化、世俗化的趋势日益增强。

后来，道士们引进具有重大、广泛影响的新的神祇碧霞元君进来，维持

四季殿

泰山行宫

自身的发展。碧霞元君在民间被称为"泰山娘娘"或"泰山奶奶"，传说中无所不能，满足了广大民众的心理需求，在明清时期的北方有非常广阔的发展空间。

到了清代，道士们在兼容并蓄地吸纳各路神仙维系自己地位的同时，佛教信仰在华不注山一带却也有了很大的增长。观音堂和观音殿出现，华阳宫被僧人占据。整个清代，僧人势力不断扩大。

除此之外，像是文昌阁、三教堂、棉花殿的创建，更多的是民间俗信的影响。从现存的华阳宫古建筑群来看，华阳宫、泰山行宫、三元宫等，都是相对独立的，其他各庙宇殿堂也有各自的信众。这是中国传统社会后期宗教信仰民间化、世俗化的表现。

研究华阳宫的学者王晶指出，华不注山区域的古建筑，其内容组合有两种形式：一是以庙宇为主的古建筑，由几进院落构成；另一种是单殿单祀建筑，没有配殿，单殿安置神像。这些古建筑经历过明嘉靖和万历时期两次大的营建活动。华阳宫的创建是最早的，其他的建筑皆为明嘉靖后增建，先后是三皇殿、玉皇宫，再后陆续建造了龙王庙、泰山行宫、观音堂（今关帝庙）、观音殿、地藏王殿、三教堂、棉花殿、三元宫等。所有的建筑都是围绕华阳宫来建造的，从华阳宫两侧自东向西、自南而北增建。

华阳宫周围古柏参天，苍干虬枝，宫内还存有古代壁画。宇侧、岩壁、林间，碑碣林立。华阳宫古建筑群的四季殿、元君殿、十王殿东西配殿、观音殿、三教堂、关帝庙前后殿、三官殿、三皇殿、棉花殿等建筑内遗有330余平方米的明清宫殿式壁画，艺术价值高，保存完整。2006年，济南市文物局、济南市考古研究所着手开展壁画保护工作，2013年7月全面完工，系统地进行了室内壁画地仗的加固、病虫害的杀灭、垢面的清理、建筑环境防潮的整治等一系列工作。这些壁画是济南地区保存最多、最精美的古壁画。壁画绘制年代集中于清和民国时期，画面内容以宗教及民间传说为主，色彩丰富，具有较重要的历史价值、艺术价值和科学研究价值。

从华阳宫入口处的二宫门进入，能看到古木成林，众多千岁左右的侧柏等古木驻守在院内。建筑群中郁郁葱葱，古树参天，让人沉醉在这千年古建的深厚历史之中，给人以无限的遐思。

提到华阳宫，不能不提到忠祠和孝祠，就好像提到华不注，不能不提到逢丑父和闵子骞一样。在古木林的两侧，四季殿的东西配房，即为忠祠和孝祠。华阳宫忠、孝祠，祭祀的是逢丑父与闵子骞。逢丑父智勇双全，舍身护驾，闵子骞单衣顺母、名列"二十四孝"，他们的故事广为流传，以德感人，为华山增添了"高山仰止"之感。

两祠堂的结构相同，左右对称，均为三开间。

华阳宫内侧柏

前面我们说到，华阳宫自嘉靖年间改为崇正祠之后，以祭祀逄丑父、闵子骞为主，短暂时间后又改为华阳宫，今存忠祠、孝祠，据专家考证，应是出现于清中期。逄丑父像，祀立于东侧配殿忠祠。前面我们说过，在公元前589年的齐晋鞌之战中，逄丑父为救驾冒充齐国国君齐顷公，是中国历史上有名的舍身救驾、效忠君主的忠臣。其像站立，身披铠甲，腰挎宝剑，凝眉远视。逄丑父因效忠君主，被后世推崇。闵子骞像，祀立于西侧配殿孝祠。塑像身着儒士长袍，神态文雅，气度非凡。闵子，名损，字子骞，春秋时鲁国人，从学于孔子，是孔子座下七十二贤之一，其"鞭打芦花"的故事感动后世。

忠、孝是儒家文化的精髓，代表忠、孝精神的逄丑父与闵子骞生平事迹为后人传颂、纪念，历时千百年。新时代下，"忠孝"的内涵与古大有不同，但中华民族崇尚正气的传统，依然在今日传承不绝。

元代，山东提学陆钶在《崇正祠碑记》中慨叹道："正气维何，为忠为孝。岳峙川流，日星同耀。"后崇正祠又改回华阳宫，祀四季之神，引得有识

忠祠

孝祠

之士一片反对之声。如顾炎武在《山东考古录》中说："称为四季，犹不可解。"清代诗人沈廷芳《登华不注历鹊山下》诗："不见逢闵祠，忠孝空日曛。"后面解释道："崇正祠，向祀逢丑父、闵子骞。后改华阳宫，祀四季之神。"这让儒学门徒分外不满。

第二节　逢丑父舍身救主，成就千古美名

我们先来回顾一下逢丑父舍身救主的故事。

逢丑父是春秋时期的齐国人，是齐顷公统治下的齐国大夫，深受齐顷公的信任。

公元前589年，齐晋鞌之战爆发，在这场战争中，齐国国君齐顷公亲自上阵，带领齐军和晋军对抗。他的战车上除了驾车的士兵，就是车右逢丑父。那个时代，像齐顷公这样的国君，车上的人一定都是经过千挑万选的，足见逢丑父深受齐顷公的信赖。

战争开始后，齐军很快露出了败势，齐顷公见自己的军队马上就抵挡不住了，于是命令驾车的赶紧逃跑，方向是华不注山。

晋国将领韩厥远远地看到齐顷公华丽的战车要逃跑，于是带着人来包围。逢丑父急中生智，让齐顷公将身上的衣服脱下来，然后穿上自己的车右的衣服。就这样，齐顷公和逢丑父"互换身份"，齐顷公逃走，而逢丑父落入韩厥手中。

郤克见了逢丑父后，就知道韩厥上当了，说这不是齐顷公。逢丑父这时候站出来说："刚才为我打水的车右才是我的主公！"郤克非常生气，决定杀了逢丑父。可逢丑父为自己争辩道："我忠于我的国君，代替国君受苦受难，如今要是被杀了，以后谁还敢像我这样为君主效忠呢？"郤克被此话感动，认为杀了逢丑父不吉利，所以就没有杀掉逢丑父，还放了他。

在忠祠的四周墙壁上，二十四忠烈像嵌于其中，围绕着逄丑父的塑像。这二十四忠烈，每个都是历史上效忠国家、为国家的安定和繁荣做出巨大贡献的历史人物，其中包括忠贞辅成王的周公、尽忠救国的申包胥、牧羊的苏武、精忠报国的岳飞等人。

如今，济南华山东北，鹊华大道和光华大道中间，有一条"丑父"路，就是为了纪念忠臣逄丑父而命名的。这都体现了人们对忠臣爱国护主行为的肯定和敬仰。

华阳宫为济南之名胜，历史上的文人骚客前来吊古者颇多，留下众多诗词、文章。颂扬以忠孝为核心的传统美德，成为后人游历华不注山、与古人共情的主要内核。

在宋代，曾巩的《华不注山》诗在回顾华不注"高标特起青云近，壮士三周战气酣"的往事时，便特别动情地吟诵道："丑父遗忠无处问，空余一掬野泉甘。"给读者留下深深的思念与怅惘。

据乾隆《历城县志》，济南府城东门外五里，自宋至清，尚有闵子墓与闵子祠，故人可就近到东门外祭祀闵子骞。而在华不注，则更多地祭祀逄丑父，赞扬其忠勇不移的品质。如董芸《华不注行》："齐侯骄，郤子耻，丑父甘心代公死。"以"骄"与"耻"的齐侯与郤子生动准确地烘托出"甘心代公死"的逄丑父的忠义与伟大。冯湘舲《汇波楼望华不注》诗："酾酒旷怀逄丑父，蘋蘩香送水云隈。"王德容《谒逄丑父庙》："我来肃瞻拜，义气望犹酣。得计公移位，惊心木挂骖。余灵饶史册，遗庙枕烟岚。"均表达了对逄丑父深深的仰慕与崇敬之情。

家住华不注之阳的济南诗人、著名学者马国翰弟子陈永修对华山更是一往情深，他曾多次到华山拜谒逄丑父，并写有大量诗作。如他的《游华不注六言》六首之二："华泉一掬如昨，丑父孤忠凛然。齐晋三周战迹，春秋千载流传。"又如其《重阳前三日游华阳宫即景》："碑图五岳垂金石，战逐三周纪阵行。丑父孤忠归逝水，至今泉饮有余香。"将华泉水的醉人的清香与逄丑父的悲壮的孤忠连在一起，是热爱家乡的诗人对逄丑父的最高赞美。

第三节　"孝哉闵子骞，人不间于其父母昆弟之言"

闵子骞像，祀立于华阳宫西侧配殿孝祠。

而在济南，有一条"闵子骞路"。以文化名人命名，这在济南并不多见，足见闵子骞对济南的影响。

这条路的中段路东，是济南百花公园。闵子骞祠、墓即在公园的孝文化博物馆内。前为庙堂，往北走20多米处，就是一座突起的坟墓。该坟墓高约3米，封土直径约5米，呈圆形，四周有多尊石羊、石马、石狮、石龟等石像，还有古树。

此地肃穆而森严，令人油然而生敬意。事实上"文革"前，闵子骞墓规模更大。当时墓区南北长约300米，东西宽200米，墓堆封土直径七八米，高十多米，周围有合抱粗的古树30余株，历代碑刻十余通。

闵子骞晚年讲学于齐，死后葬在此处。他的后代亦在齐国居住，为闵子骞守墓。今天章丘龙山镇西沟头村聚居的闵姓，便是闵子骞的嫡传后裔。

多少年来，闵子骞同大舜一起，享受着济南人最高规格的祭拜与悼念。宋代，有二苏题碑；元代，山东提学陆钶《谒闵子祠》诗云："季氏今无邑，费公还有堂。松楸汶水意，俎豆华山阳。春草寒犹重，芦花絮不扬。采蘋聊驻节，仿佛见宫墙。"表达了济南人对闵子的深切缅怀。明代，朝廷将济南闵子墓附近地段编为"闵孝里"，"春秋俎而豆之贤有司亦时为修葺"，在闵子墓祠建起"讲学堂"；而且，"邑侯张公翼明建祠于城中"（刘敕《闵子墓并

闵子骞

闵子骞祠

建祠记》），新祠在济南城内钟楼寺街（后毁）。清代至民国，闵子庙香火尤盛，祭祀与修葺屡见于地方志乘，如1920年春，济南人士义修东关闵子墓，建好之后，省长屈六文亲自写文记之。

闵子骞（前536—前448），名损，春秋末年鲁国人。孔子弟子之一，少孔子十五岁，在孔子弟子中地位颇尊，德行、孝道曾受到孔子称赏，德行与颜渊并称，孝道与曾参齐名，居于"十哲"之中，被后代奉为笃圣，世称闵子。唐赠费侯，宋赠琅琊公，又赠费公，明改称先贤闵子。

在孔门弟子中，闵子骞虽说地位颇尊，然在古文献中，对其言论行止的记述却不多。再是，相对于世俗的追捧，学界对于闵子骞的研究则显得有些冷清。

依据《论语》《史记》等古文献中较为可靠的关于闵子骞的生平事迹，特别是其德行、孝道的记载，兹对其于后世产生深远影响的言行举止、个性特征，做一个简单梳理。

德　行

"德行：颜渊、闵子骞、冉伯牛、仲弓。"（《论语·先进》）

孔子的学生各有所长，德行最好的是上述四人。颜回是孔子最满意的学生，而闵子骞能与之并列，足见其道德修养非同一般。

"季氏使闵子骞为费宰。闵子骞曰：'善为我辞焉，如有复我者，则吾必在汶上矣！'"（《论语·雍也》）

季氏要闵子骞做他采邑费地的长官，闵子骞对来人说道："好好地为我辞掉吧，若是再来找我的话，那我一定会逃到汶水之北去了。"（译文参考杨伯峻《论语译注》，下同）《史记》赞赏他"不仕大夫，不食污君之禄"。闵子骞对于功名利禄的淡薄，对于权势的轻蔑，对于完美人格的追寻，无疑让他成为后世文人士子的一面旗帜。

"闵子侍侧，訚訚如也；子路，行行如也；冉有、子贡，侃侃如也。子乐。'若由也，不得其死然'。"（《论语·先进》）

闵子骞站在孔子身旁，恭敬而正直的样子；子路，很刚强的样子；冉有、

孔子授学图

子贡，温和而快乐的样子。孔子很高兴。不过，孔子又说："像仲由吧，怕是得不到好死。"

这是从人的气质风度上来评价闵子骞的。"訚訚如也"，也见于《论语·乡党》对孔子的描述，足见其品相之高。訚訚，多训中正之意；朱熹《四书章句集注》引《说文》解释"訚訚"为"和悦而诤"，这是把两种不同的品质结合在一起了，即言辞柔和而意向坚不可摧。"訚訚如也"，真是人们的美好品德之外在显现。訚訚，这种儒雅的翩翩风度对后世影响深远。

"鲁人为长府。闵子骞曰：'仍旧贯，如之何？何必改作？'子曰：'夫人不言，言必有中。'"（《论语·先进》）

鲁国要翻修名字叫作"长府"的金库，闵子骞说："照着老样子下去怎么样？为什么一定要翻造呢？"孔子说："这个人平时不大开口，一开口一定中肯。"

这是孔子从言语的角度来评价闵子骞的。言语，是中国传统文化中的一门大学问，结合孔子的论述，言语的基本要求是：有德而涵养其中，敏于事，不轻言，言则金玉。后代学者曾结合史实来解说《论语》中上述文字，认为长府为鲁昭公别馆，鲁国执政大臣季氏厌恶鲁君曾以此馆为依托，讨伐自己，所以在鲁昭公逃亡齐国之后，意欲重建此殿，而闵子骞"婉言讽之"，由此可见闵子骞的敏锐审慎与人生智慧，所谓"敏于事而慎于言"。

言行得当，必然基于内在的道德素养。《孔丛子》《韩诗外传》均记载了一个"闵子听音"的故事。故事说的是孔子于室内鼓琴，闵子骞在室外听到了。他告诉曾子说，夫子的琴音有幽沉之声，琴音中夹杂着利欲、贪婪之心，这与往日夫子"清澈以和"的琴音大相径庭。二人入室询问孔子，夫子承认方才见猫抓老鼠，想要猫成功，故琴音有利欲之心。孔子以此称赞闵子道："可与听音矣！"

"昔者窃闻之：子夏、子游、子张皆有圣人之一体，冉牛、闵子、颜渊则具体而微。"（《孟子·公孙丑章句上》）

这话的意思是：从前我曾听说，子夏、子游、子张都各有孔子的一部分长

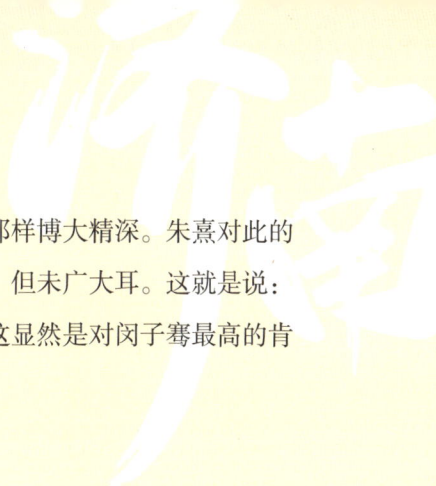

处，冉牛、闵子、颜渊大体上接近孔子，却不如他那样博大精深。朱熹对此的解释是：一体，犹一肢也；具体而微，谓其有全体，但未广大耳。这就是说：闵子骞大体具备孔子的所有品行，只是局面略小。这显然是对闵子骞最高的肯定与评价了。

孝 道

子曰："孝哉闵子骞，人不间于其父母昆弟之言。"这段话出自《论语·先进》，意思是，孔子说："闵子骞真是孝顺呀，别人无法说出挑拨他与父母兄弟关系的话。"

闵子骞以孝著称，其孝名流传最广、影响最大的在其"单衣顺母"的事迹上。闵子骞"芦花"孝行故事，主要有五种文本表述，分别为：《艺文类聚》书中称引自《说苑》的记载；《太平御览》中引自师觉授《孝子传》的记载；《太平御览》中引自不称名的《孝子传》的记载；出自《蒙求》旧注的记载；敦煌写本中的孝子故事。这些故事，愈到后世，愈加着意对于"芦花"意象的渲染与突出，"芦花"或"鞭打芦花"成了闵子骞孝行故事的代名词。

刘宝楠《论语正义》"孝哉闵子骞"条下，引《艺文类聚》书中称引自《说苑》的记载：

单衣顺母

闵子骞兄弟二人，母死，其父更娶，复有二子。子骞为其父御车失辔，父执其手，衣甚单。父则归呼其后母儿，持其手，衣甚厚温。即谓其妇曰："吾所以娶汝，乃为吾子。今汝欺我，去无留。"子骞前曰："母在一子单，母去四子寒。"其父默然。故曰：孝哉闵子骞。

现在，我们将这段文字试译成现代汉语：

闵子骞有兄弟二人，母亲死后，父亲娶了后母，又生了两个儿子。有一次，闵子骞为父亲驾车，失去了控制，父亲抓住他的手，发现他身上的衣服很是单薄。归家后，父亲叫来后母所生的儿子，抓住他们的手，发现他们身上的衣服很厚很温暖，当即对后母说："我之所以娶你，是为了照顾好我的孩子，现在你这样欺骗我，我要你立即离开这个家。"闵子骞见状，连忙上前说："有母亲在，只是一个孩子单薄，母亲如果不在了，那就四个孩子都寒冷了。"父亲不说话，默认了闵子骞的见解。所以孔子说：闵子骞真是孝顺呀！

对于这一记载的真实性，学术界有不同看法，而主流看法的趋向是认同的。今人李泽厚亦征引《论语正义》《韩诗外传》所载此事，称"上引故事，具体翔实"，似表示了对其真实性的认可。

闵子骞"单衣顺母"的故事在中国千古传诵，闵子声名赖此历代传响不衰。唐宋时期，闵子骞的事迹已广为人知；元代，郭居敬将闵子骞编入二十四孝；特别是，中国戏曲以此为基础加工而成的"芦花"剧本的搬演，更以燎原之势，使得闵子骞的孝行故事家喻户晓、妇孺皆知，如今，几乎各大地方戏曲中皆有"鞭打芦花"之剧目，并颇受国人青睐。

与闵子骞遭受后母虐待相对应的，还有《太平御览》所载闵子骞所作《崔子渡河》曲：

崔子渡河者，闵子骞之所作也。崔子早无母，其后母常以其死母名呼之，不应者，后母辄答之。崔子恶与其母同名，欲自杀，恐扬父恶，又死母名，应则逆，非义也。则以能游河为辞，系石于腹，入水自沉而死。众人但以为不能游耳，莫知其故自沉。是以父过不扬。闵子骞大其能为父隐，伤痛之，故援琴而鼓之，以美其意，故曰《崔子渡河》。

此事至为哀伤，令人不忍卒读。然此正可见证闵子骞遭受后母虐待的事，此为同病相怜，惺惺相惜，所以闵子特为作曲，伤之且美之。这也集中体现了闵子的孝道观：子为父隐（"大其能为父隐"），亦即不牵累父名、为父隐恶扬善，这与其在"芦花"故事中，受到后母虐待、父亲指责而忍气吞声不自辩护，是颇为一致的。

闵子骞的孝道思想，还表现在下述一段文字中。据《说苑·修文》记载：子夏守丧三年完毕，去见孔子，孔子给他琴，让他弹。子夏接过琴拨动琴弦，声音和悦悠扬。子夏一边弹琴一边说："先王制定的礼法，不敢不努力学习。"孔子说："真是君子呀。"

闵子骞守丧三年完毕，去见孔子，孔子给他琴，让他弹，闵子接过琴拨动琴弦，声音悲惨凄切。闵子骞一边弹琴一边说："先王制定的礼法，我不敢过分悲伤。"孔子亦说："真是君子呀。"

子贡询问孔子说："闵子骞悲哀不尽，老师说他是君子；子夏悲哀已尽，老师也说他是君子。我实在糊涂了，想请问老师如何解释？"孔子说："闵子骞悲哀不尽，但停止在礼法规定的范围内，所以说是君子；子夏悲哀已尽，但能守礼修身，所以也是君子。"

此段是通过闵子骞与子夏琴声的对比，以及子贡与孔子的问答，来阐述孝道与礼法的关系。闵子守丧完毕重见孔子，援琴而弹，其声凄楚，体现了闵子对父母的哀思之深。尤为难得的是，闵子琴声凄切，却不敢过分悲哀，折中于感情与礼法之间，这在孔子看来是一种境界。闵子骞的退身守丧、以礼断哀等，深与孔子所倡导的礼教相契合。如蔡仁厚先生言："何以孔子独称'孝哉闵子骞'，正因为他人出于人伦之常，而闵子则处于人伦之变。他在困逆之境，不但己身有孝友之实，而且能够感恪父母，克全一家之孝友。苟非纯孝，岂能及此！"（蔡仁厚《孔门弟子考述》，台湾商务印书馆）

第四节　闵子骞真墓考

近年来，有关闵子骞遗迹的确定，成了各地争论的焦点。山东、安徽、河南，均有不少关于闵子骞的历史文化遗存。闵子墓在全国共有六处，分别是历城、宿州、萧县、曹州各一处，范县二处。

闵子骞的真墓只能有一处。笔者认为，或应以济南闵子骞墓为是，其理由如下。

一、济南闵子墓祠历史悠久，北宋时，苏辙、苏轼为之作《记》书碑，此为所有闵子墓祠中最早的、也是作者层次最高的文献

北宋熙宁八年（1075），时任齐州掌书记苏辙作《齐州闵子祠记》，其兄苏轼书写刻碑。《记》云："历城之东五里，有丘焉，曰：闵子之墓。坟而不庙，秩祀不至，邦人不宁，守土之吏有将举焉而不克者。熙宁七年，天章阁待制、右谏议大夫濮阳李公来守济南，越明年，政修事治，邦之耆老相与来告曰：'此邦之旧有如闵子而不庙食，岂不大阙？公惟不知，苟知之，其有不饬？'公曰：'噫，信其不可以缓。'于是，庀工为祠堂，且使春秋修其常事。堂成具三献焉，笾豆有列，傧相有位，百年之废，一日而举。学士大夫观礼祠下，咨嗟涕洟……"

这段文字，包含与透露的历史信息极为丰富：

其一：修祠在宋熙宁八年，即1075年，距今已近千年。那时，闵子墓早已为"此邦之旧有"，其历史之悠久当可想见。而闵子祠亦非新建，而是"百年之废，一日而举"，乃早已有之，此时为"修废"之举而已。《齐州闵子祠记》，是国内所有闵子墓祠中有记录最早的文献。此后，较早的有金代正隆进士、山东费县尉张万公拜谒费县闵子祠所作的《谒费侯闵子祠记》。

其二：《齐州闵子祠记》的作者层次之高，也已登峰造极。其他闵子墓祠

记之作者，大多不出一邑之长或邑中的名流雅士，而齐州祠记则出自唐宋八大家之二苏兄弟之手，此断不可同日而语，亦足见济南闵子墓之地位与影响。

更重要的，依据二苏的学养才识，尤其治学之严谨，自当对闵子墓的真假有辨识能力与真知灼见，此番二人共推齐州，亦可作为其认定济南之闵子墓为真墓的证明。

后世对二苏共同为济南闵子墓祠作记书碑，传为佳话。如清代诗人赵青藜："寂寞城东路，一抔先贤墓。大小苏公墨花互，口吟手画车马驻。"（《闵子墓》）张开东诗："古碣传苏记，高丘忆石棺。"（《谒闵子骞祠墓》）等等，不一而足。

二、济南闵子墓为真墓，自古公认，载在籍册

济南闵子墓不唯为苏轼兄弟所认可，亦为古时众多名人雅士乃至金石考古学家所论定，今略举数例。

其一：元代，费县尹有一位叫邵显祖的，写了《重修费公闵子祠记》，中有语："间与士大夫考溯芳迹，宇内之有闵子墓者，一在凤之宿州，一在濮之范县，要以历下之高原为确。……其在宿、范者，大都古人琴书诗物，皆封为墓耳。"历下之高原，即历城之华不注山下。值得注意的是，邵显祖作为费县一邑之长，他却不为费县闵子墓祠争"正统"，这展示了他严谨求实的科学态度。他认为，凤阳府的宿州、濮州的范县的闵子墓，其实是"琴书诗物封为墓"，即所谓"衣冠墓"是也，而真墓则是济南的闵子墓。

其二：清初，提督顺天学政萧惟豫于康熙四年（1665）作《重修闵子墓祠记》，其中称："予尝读《广舆记》，徐州之龙城，有所谓闵子墓者，兹何以复见诸历山之麓耶？闻古之有道德者，身既没而门弟子多藏其衣冠，筑墓事之。然则龙城岂其仪墓，兹乃所谓幽穴耶！"萧氏认为，古之衣冠墓颇多，而徐州之龙城（今宿州之萧县）大约便是衣冠墓（"仪穴"），而真墓（"幽穴"）则在济南（"历山之麓"）。

其三：清道光年间，济南知府王增芳（字霞九）作《重修先贤闵子祠

闵子骞墓

记》，中有句："闵子，鲁人也，邻于齐，卒而葬焉。"其又在《重修先贤闵子墓记》中称："呜呼，先贤体魄所存，莫不哀敬。后之官兹土者，尚其慎诸！"由此可知，有清一代，济南闵子墓为真墓，乃是广泛认同的事实。

三、济南闵子墓得闵氏家族特别是闵氏大宗所公认，为先贤后裔肃拜之所

闵子吴兴后裔、清代乾隆间山东按察使闵鹗元，于乾隆二十八年（1763）作《重修先贤闵子墓祠记》，其文中称："先贤闵子墓，其见于志传者，人异其说，惟济南城东之墓，先贤之裔，岁肃拜于此，以展墓祀，盖信而可征者也。"

今人以山东鱼台闵氏为大宗，这一点自清代康熙年间，便已为官方认可。据王士祯《居易录》、孔毓圻《幸鲁会典》等记载，康熙三十八年（1699），闵子六十四代孙闵煌援例上书陈情请封，经时任山东巡抚王国昌、布政使刘暟调查，咨询衍圣公孔毓圻，又有济宁州复文，认定闵煌确系闵子嫡派后裔，遂出结保送。康熙三十九年（1700），经礼部议请，九卿集议，奉旨封闵氏宗子闵衍籀世袭翰林院五经博士，世袭主祀。自康熙三十九年起至民国二十四年（1935）止，闵氏嫡宗皆世袭五经博士。

而济南闵子墓更得闵氏家族特别是鱼台大宗所确认。乾隆间闵子六十六代孙、世袭五经博士闵兴汶《闵氏修建家祠碑记》中称："先大贤闵子，字

子骞，系出鲁公族闵马父家嗣，为余合族之始祖也。生于曲阜，死后葬于高元。" 所谓"高元"，就是济南华不注山下闵子墓。

2015年清明节，中韩闵子后人齐聚济南闵子墓，祭拜共同的文化祖先。

四、闵子骞死于齐，葬于齐

论证之前，我们先要认识一位名士，清道光年间蜚声齐鲁的金石、考古学家冯云鹓。

冯云鹓（1779—1857）字葆芝，号集轩，一号仪叔，江苏通州人。道光进士，道光八年（1828）至十四年（1834）任曲阜知县，与其兄冯云鹏同以博学好古名满山左。兄弟尝合著金石名著《金石索》，冯云鹓又纂修道光《济南府志》，撰《济南金石志》，堪称齐鲁历史文化专家。道光十四年（1834），冯云鹓推出研究孔门弟子的著述《圣门十六子书》，孔子七十三代孙、衍圣公孔庆镕亲为之序，称其书为"有功于圣门的博学精择之书"。孔庆镕在《序》中还提到一件事："壬辰秋，四氏学学博以两庑从祀先儒，年代先后有失次者，具文申请更正"，"询知皆出于明府（冯云鹓）考证"。由此足见冯云鹓对孔子及其弟子的精深研究与独到造诣。

冯云鹓《圣门十六子书》之《闵子书》卷一为《闵子年表》，此表系依据晋唐以来相传的《闵氏宗谱》之旧本（"兹以闵氏宗谱为主，乃晋唐以来相传之旧本。"），于今已十分珍贵且难得。其最后一条记载道："周定王二十年，鲁悼公十九年壬辰，八十九岁……是年冬十月卒。终于齐，葬于华不注山下。"

闵子骞与齐国有深厚感情，他的晚年大都是在齐国度过的。这些在正史中罕有的对其生平事迹的记述，在《闵子年表》中有所体现。

其一，孔子"在齐闻韶"的随同者。

孔子"在齐闻韶"乃至"三月不知肉味"，这一记载在《论语》《史记》等书之中，是广为人知的风雅之事，其随同者为闵子骞。"周敬王四年，鲁昭公二十六年乙酉，（闵子）二十二岁，从学于孔子，在齐闻韶。孔子至齐郭门之外……闵子御，孔子谓曰：'趣驱之。'韶乐方作，至而闻韶，学之三月不知肉味，曰：'不图为乐之至于斯也！'"（《闵子年表》）不只是随行，闵子还是帮夫子驾车的"御者"。

其二，"则吾必在汶上"的后续。

据《论语·雍也》：季氏使闵子骞为费宰。闵子骞曰："善为我辞焉，如游复我者，则吾必在汶上矣！"季氏要闵子骞做他采邑费地的县长，闵子骞对来人说道："好好地为我辞掉吧，若是再来找我的话，那我一定会逃到汶水之北去了。"汶上，即汶水之北，杨伯峻先生注：暗指齐国之地。

据《闵子年表》："庚子，三十七岁。……公山不狃以费畔，季氏……因使闵子为之宰。闵子辞……避去之汶上。"果然闵子到齐国避难了，而且，第二年，"己亥，三十八岁，生子法于汶上"，这显然又是举家迁来齐国了。

其三，闵子骞晚年在齐传道，死后子孙在齐为官守墓。

据《闵子书》卷六《宗子列表》："周元王二年，鲁哀公十九年丙寅，自范之齐……后设教于鲁、卫、曹、滕、齐、宋诸国，及门若曾元、东郭、兰氏、申氏之徒。"

又，闵子骞"二代法生三子，曰履曰向曰高，田和王齐，向以诸生仕齐"。

五、其他墓葬情况

上面谈到，称闵子骞墓者，在国内有六处。据考证，除济南闵子墓，其余多为闵子骞后人之墓，还有的是衣冠墓。

明代万历朝礼部尚书陈经邦《闵氏家乘·序》指出："按《一统志》，闵子墓在历城东五里。濮阳李肃之守济南立庙，苏辙撰碑，则闵子断为鲁人，而汶上书院有自来已。今宿州北七十里有闵子乡有骞山，则汉金城骞包是也；萧县东南八十里有闵子墓，则汉闵仲叔是也；范县南十四里有闵子墓，则五代闵子塞是也。"（见《闵子书》卷五"祠墓古迹"）

六、小清河石棺传说辨正

与闵子墓真假相关的，还有一个"小清河石棺"的传说。

此传说最早见于元代费县县令邵显祖所作《重修费公闵子祠记》，其事在元后至元元年即1335年。碑记中称："昔开小清河于华不注山下，得一石棺，启之，诗云：'孝哉闵子骞，死后葬黄泉。幸遇黄太守，起我在高原。'高原犹在华山之麓，而葬之者果为黄公。"

此传说曾被后人甚至志乘征引，然其子虚乌有，不足为训，荒腔走板，一望而知。其一，伪齐刘豫开凿小清河在其盘踞济南的1130—1137年间，所谓黄太守浚小清河当在其后，那个时间，济南东郊早有闵子墓祠（二苏题写碑文即为明证），距二苏题祠最少亦当有百年之久，此时墓棺在地下久矣。其二，人之生前竟知千余年身后之事，竟知千余年后有黄太守发现其石棺，尤不可理喻，显见其事荒诞离奇，已达于极致。其三，诗作粗陋不堪，且人称混淆不清：诗作前两句为第三人称叙事，后两句又突兀改为第一人称叙事之"我"，令人愕然。作者颇似一粗通文墨、附庸风雅的乡间先生，编造出如此漏洞百出的低劣故事，耸人眼目。

如此离奇古怪的故事传说，就连诸多古人也不相信，并予以抨击。如康熙年间山东盐运使李兴祖，其作于康熙二十二年（1683）的《重修先贤闵子祠记》："有黄太守者，濬小清河至华不注山下，得石棺，棺上有题，黄因葬之高原，其事甚异。"而清初山东学政、著名诗人施闰章《祭闵子庙文》："抗干旄而高蹈兮，将汶上乎游遨。期幽隧以改宅兮，胡姓字之前知？"指斥其不合逻辑，肆意编造。

荒诞归荒诞，然而荒诞之中也有真实，人们为什么不编造别的墓，而单单是济南的闵子墓呢？这一传说恰恰证明，济南的闵子墓是真墓。

JiNAN 济南故事

第四章

≋

自古人地两相成（上）

前年去福建，在武夷精舍，导游告诉我，武夷山山水极美，再加上朱熹的这个精舍，还有柳永故乡的加分，它才评得上世界自然与文化双遗产。

我由是想到：景致得以扬名天下靠什么？靠人文。山水景致的灵魂不是别的，是文化。

当年，《趵突泉志》的编纂者任弘远曾经深有感慨地说："天下名山大川不少矣，所以不大著于古今者，以无才人之标题、韵士之歌咏于其间耳。"

自古人地两相成。济南的华不注是有福气的，古往今来，它受到那么多文人雅士、智者贤达的关注与青睐。从北魏郦道元到唐代李白、杜甫，从宋代曾巩到金元之际的元好问，从元代赵孟頫、张养浩到明代边贡、王廷相、王世贞、李攀龙，从清代王士禛到清末民初康有为……这些名家巨擘乃至文学史上的一流作家，无不在华不注留下他们的足迹与诗文作品。他们对华不注的品题吟咏，从各个角度展示了华不注独特的个性与美质，铸就了华不注显赫盛大、名播海内的美誉与声望；同时，华不注也成为他们翰墨飞洒、施展才华的场所与平台，他们留下的那些别开生面、美如珠玑的作品，不唯为名山增色，也成就着他们生前身后的文坛美名。

华山诗文，称得上一座文学圣殿，一个珍贵的精神文化宝库。自古至今，吟诵描绘华不注的诗文作品不胜枚举，仅在乾隆《历城县志》和民国《续修历城县志》中，便收录127首（篇）之多。其中诗121首，文6篇。须知，这并不是华山诗文的全部，华山诗文的全部，估计是要翻几番。华山诗文除了量大，还有质优，而且多名人佳作。

第一节 华不注名士诗文的华丽起点

一、青崖翠发，望同点黛：郦道元《水经注》关于华不注的精彩描述

古往今来，状写趵突泉的诗文作品可谓多矣，但被人们牢牢记住、卓然可传的却不多；然而，有这样一段文字，在济南、在研究者那里，却是无人不知、无人不晓："（泺）水出历县故城西南，泉源上奋，水涌若轮。"凡能有缘一睹趵突泉风采的，还能寻到比"涌轮"更贴切的字眼么？而这位作者还有描写华不注的名句，足可与此相媲美：

济水又东北，经华不注山，单椒秀泽，不连丘陵以自高；虎牙桀立，孤峰特拔以刺天；青崖翠发，望同点黛。山下有华泉……

寥寥数笔千载难易。

因为这些文字生动逼真地活画出济南的趵突泉、华不注山的神韵与风貌，实可播扬于千载以下。而这些绝妙话语，全部出自北魏郦道元的《水经注》。

郦道元（约466—527），字善长，范阳涿县（今河北省涿州市）人。他既是我国古代杰出的地理学家，又是著名的文学大家。郦道元出身世家，曾祖绍，任濮阳太守；祖嵩，任天水太守；父范，曾任青州刺史。郦道元平生好学，历览奇书。他开始是承袭父亲的永宁侯爵位，后历任治书侍御史、冀州镇东府长史、东荆州刺史、御史中尉等，以"执法清刻""为政严酷"著称。郦道元的《水经注》是为魏晋时代无名氏所著的《水经》一书所做的注释，但他的注释，实际上是一部"别开生面"的著作，其学术价值，堪与裴松之《三国志注》、刘孝标《世说新语注》、颜师古《汉书注》并驾而齐驱。郦道元本着"因水以记地，即地以存古"的编写原则，博采了汉魏以来许多山川土风、

历史掌故的文献，并根据自己随北魏文帝巡幸长城、阴山，以及自己做冀州、鲁阳、颍川、东荆州等地太守、刺史时"访渎搜渠"的调查记录，叙述了大小一千多条水道的源流经历，以及沿岸的山川景物和故事传说。书中对五胡十六国的君主都直呼其名，对刘裕则称为"刘公""宋武王"，对晋军则称为"王师"，表现了作者的爱国思想。另外，从《江水注》中对秦代李冰的各种水利建设的歌颂，《河水注》中对秦始皇筑长城造成的人民"冤痛"的同情，也可以看出他对人民利益的关怀。从文学上看，这部书在描写山川景物上，取得了非同寻常的艺术成就，许多章节甚至成为千古传诵的名篇。如众所周知的《江水注》中"巫峡"一节，在不足两百字的篇幅中，写了巫峡两岸高峻的山势、夏天奔腾的江水、峡中四时景物气氛的变化等，而且写得如此从容不迫，隽永传神。

郦道元与济南有着深厚的牵绊。北魏承明元年（476），郦道元的父亲郦范出任青州刺史，他到任不久就将家眷接到青州治所东阳城。在南北朝时，青州与冀州两州相邻，其疆域大体相当于今天的山东省。冀州治所历城即在今济南市，而郦道元曾在冀州任地方长官。因此，长期生活在山东和济南的郦道元受齐鲁文化的深刻熏陶，对山东山川地理乃至水道的热爱与熟悉自不待言。他对流经济南的济水做过认真的考察，对于济水所流经济南一段的风景名胜，其中包括当时的济南泉水，进行了极为生动、真切的描述。除了上文提到的趵突泉，郦道元在《水经注》中还写到北魏时期济水流域的（古）大明湖、净池（即今五龙潭）一带的湖泉美景：

其水北为大明湖，西即大明寺，寺东、北两面侧湖，此水便成净池也。池上有客亭，左右楸桐，负日俯仰，目对鱼鸟，水木明瑟，可谓濠梁之性，物我无违矣。

绿树婆娑，水流清澈，鱼鸟依人，寥寥数笔即勾画出古大明湖的明丽景致与浓厚诗意，实可谓"片语只字，妙绝古今"，难怪唐代柳宗元、宋代苏轼等人的山水散文，都曾经受到郦道元的深刻影响。苏轼《寄周安孺茶诗》说：

五龙潭

"今我乐何深，水经亦屡读。"由此可见郦文非同一般的艺术感染力。

接着，郦道元在本篇中又记载了"与泺水会"的另一条泉河——历水的源流走向：

> 湖水引渎，东入西郭，东至历城西，而侧城北注。陂水上承东城，历祀下泉，泉源竞发，其水北流，经历城东，又北，引水为流杯池，州僚宾燕，公私多萃其上。分为二水，右水北出，左水西径历城北，西北为陂，谓之历水，与泺水会。

文中"历祀"即舜庙，舜庙附近有舜泉，双泉竞发，水势甚大，即为历水之源。"据苏辙《舜泉诗序》：城南舜祠有二泉，泉之始发，潴为二池，为石渠，自东南流于西北。灌灌播洒，蒲莲鱼鳖，其利滋大。明洪武初，改山东行省，增修城垣，廛市殷填，宋苏辙所谓石渠者，已不可复见，而舜泉亦由此湮没。所谓历水者，仅今存之大明湖古之历水陂也。"历水北流至流杯池（即今王府池子一带），听这文气郁然的名称，便知为州中官僚游宴觞咏的风雅之处。而历水再往北流，则进入历水陂即今之大明湖，"北出者与泺水会，同入鹊山湖"。

下面，我们要特别谈谈《水经注·济水》中关于华不注山的记载。

应该说，《水经注》中关于济南华不注的记载，不仅为济南泉水留下了珍贵的文献资料，而且，其文采焕然、生动传神的笔墨功夫，也给后人留下永恒的回味和艺术享受。

其一，描写华不注山势山形出神入化，千载难易，这就是："单椒秀泽，不连丘陵以自高；虎牙桀立，孤峰特拔以刺天。"

其二，创造出两个充满无限创意和感染力的比喻"单椒""点黛"，前者妙喻其形，后者以美女的眉毛喻其绿秀，这些都给予后世诗人和游览者以无限的启发与想象。

二、兹山何峻秀，绿翠如芙蓉：李白的华不注诗

济南的山水，尤其是华不注，确实有灵，到了唐代，它又遇到一位大诗人李白。

清代济南府淄川县学者、诗人王培荀在《乡园忆旧录》中说："济南固多名士，流寓亦盛。如唐之李、杜，宋之苏、黄、晁、曾，无不游览流连。国初，顾亭林、张祖望、阎古古、朱竹垞，皆以事久住。学使则前明薛文清、王文成，一代大儒。我朝则施愚山、黄昆圃，一世文宗。以此提倡，人物风雅安得不胜？"

这段话语，精辟地概括出济南的一个特征：名士之城，风雅之区。

唐代大诗人李白（701—762），字太白，又号青莲居士。他一生浪迹山水，游遍祖国名山大川。济南秀丽的湖山风光、淳朴的风土人情和浓厚的文化氛围，都曾使这位大诗人流连忘返，并给后人留下了赞美济南湖光山色的诸多诗篇。

李白

李白从开元二十四年（736）由湖北移家东鲁，寓居任城（今山东济宁），直到乾元二年（759）将儿女移往楚地，在山东寄家时间长达二十余年，山东可以说是他的第二故乡。如杜甫在《苏端、薛复筵简薛华醉歌》诗中说："近来海内为长句，汝与山东李白好。"将李白称为"山东李白"，后世史书也有的因此认为李白是山东人，如《旧唐书·李白传》称："李白，字太白，山东人。"

　　天宝元年（742），李白奉诏入朝，他以为大展宏图的美梦即将实现，但很快发现所谓的奉诏应制只是侍从游宴而已。天宝三年（744）春，李白在度过了三年"供奉翰林"的政治生活后，被唐玄宗"赐金放还"。李白在青少年时代就倾心道教，遭受此次政治失败，更激发了他的遁世之心。大约在这年的初夏时节，李白离开长安，并在洛阳结识杜甫，二人成为莫逆之交。其后，在归鲁途中，李白来到齐州紫极宫，请道士高如贵授道箓，入了道士籍。

　　虽然寄居异乡，但济南美丽的湖光山色和淳朴的风土人情却给了这位漂泊的游子以巨大的温暖和深深的喜悦，重新唤起了他对生活、对自然的热爱和眷恋。他游历过济南的多处名胜，如他曾泛舟于华不注的鹊山湖，写下诗作《陪从祖济南太守泛鹊山湖三首》：

初谓鹊山近，宁知湖水遥。

此行殊访戴，自可缓归桡。

湖阔数十里，湖光摇碧山。

湖西正有月，独送李膺还。

水入北湖去，舟从南浦回。

遥看鹊山转，却似送人来。

　　鹊山湖，旧在济南城北，鹊山湖之南及东，与今大明湖相通，由泺水北流汇集而成。鹊山湖是一个很大的湖泊，也是唐宋时代济南的风景胜地，其东界正是华不注。因湖中多莲花，又称莲子湖。金初，伪齐刘豫开凿小清河，直接导泺水入海，鹊山湖自此后"莽然田壤，不复烟波"，令无数后人扼腕而叹！

李白实不愧诗歌大家，他的这组鹊山湖诗，写来不急不缓，收放有致，情景交融，意在言外。第一首写自己开始以为鹊山很近，哪知湖水浩渺，竟是如此壮观遥远。好在此行不同于当年王子猷拜访戴安道那样刚刚到达就匆匆返回，而是完全可以轻松悠闲地放缓回归的船程。这是在美景之中一种优游从容、细细品味的享受的、惬意的心态，是一种无与伦比的幸福感觉。在第二首诗中李白精妙地描摹了鹊山湖的风光，湖面宽阔达数十里，鹊山倒映湖中，湖面碧波荡漾。一个"摇"字展现出无尽的情致和韵味。而此时，湖的西边正有明月高悬。在这样的美丽景致中与太守泛舟游览，就好像当年郭林宗与李膺同舟共济。郭、李二人是东汉的士人领袖，据《后汉书·郭林宗传》："（郭林宗）后归乡里，衣冠诸儒送至河上，车数千辆，林宗惟与李膺同舟而济。从宾望之，以为神仙焉。"李白在这里正是借郭林宗与李膺的名士风流来形容自己和太守同泛鹊湖的风神潇洒。第三首写的是归程，水往北流而船向南行，这

华阳宫中赤松亭

两种交错的运动方式相映成趣。而在行走的船上遥看鹊山，却像是鹊山不停地转动着身子在殷勤地送客哩。这收尾来得情深意切，而且挖掘出大自然和生活中固有的生动情趣。这组诗不仅写出了济南湖山景致之美，而且展示了人的情思之怡悦，境界之旷远，实可谓语短情长，言简意深。

　　李白的"从祖济南太守"具体是谁，已不可考。结合李白的其他诗篇，可知他有一个从祖、两个叔父、一个兄长，分别任济南太守及任城、嘉兴、中都县令。

　　李白攀登华不注山，《古风》其一云：

> 昔我游齐都，登华不注峰。
>
> 兹山何峻秀，绿翠如芙蓉。
>
> 萧飒古仙人，了知是赤松。
>
> 借予一白鹿，自挟两青龙。
>
> 含笑凌倒景，欣然愿相从。
>
> 泣与亲友别，欲语再三咽。
>
> 勖君青松心，努力保霜雪。
>
> 世路多险艰，白日欺红颜。
>
> 分手各千里，去去何时还。
>
> 在世复几时，倏如飘风度。
>
> 空闻紫金经，白首愁相误。
>
> 抚己忽自笑，沉吟为谁故。
>
> 名利徒煎熬，安得闲余步。
>
> 终留赤玉舄，东上蓬莱路。
>
> 秦帝如我求，苍苍但烟雾。

　　李白这首诗飘逸、浪漫，充满奇异瑰丽的想象和独具匠心的创造，如他将华不注比作"绿芙蓉"（是一个不亚于"单椒秀泽"的意象），如他说自己在华不注山上遇见了仙人赤松子，赤松子借给他一只白鹿，而赤松子自己则乘着两条青龙，两人含笑飞天，一同在空中俯瞰地上的倒影，何等潇洒飘逸、自在逍遥！这就难怪此诗对后世所产生的深远影响了。后世游客每至华不注便有三事："酌华泉水、吊三周战处、诵太白诗。"而且，绿芙蓉、仙人、白鹿作为诗歌意象，屡屡出现在后人诗作之中。如清代王士禛《初望见历下诸山》诗云："十万芙蓉天外落，今朝正见济南山。"董芸《华不注》诗云：

> 芙蓉绿秀雨中鲜，俯视齐州九点烟。
>
> 何处仙人骑白鹿？乘风一问李青莲。

由于郦文、李诗的深刻影响，其后的华山诗文便形成了两种写作范式或曰创作方向，这就是：偏重李白精神遨游的"浪漫地思"与偏重郦道元逼真刻画的"拟容取心"。然而，更重要的是：无论是从郦道元的"单椒秀泽，不连丘陵以自高""青崖翠发，望同点黛"，还是李白的"绿芙蓉"中，我们都可以发现一个诀窍，一个描写山川的诀窍，这就是，发现与寻求山川与人性的潜在的沟通性，这样便迈出了从自然走向文化的关键一步，这样自然物便有了生命与呼吸，有了弹性与伸展性。比如郦道元的"不连丘陵以自高"曾经引发出后世多少"文章"呀，因为他对华不注的描写潜藏着对"独立不倚"的人格精神的赞扬。济南的山水文化与文学在早年便得遇这样的高手，是济南山水之福。其实，连作者本人也了解这一点吧。比如郦道元便曾自豪地宣称："山水有灵，亦将惊知己于千古矣！"关于这些，特别是两位诗文大家对后世的深远影响，我们还将在下面的华不注诗文的艺术特征中加以详谈。

此外，不能不提及的还有华不注作为济南名山的古老历史，据《春秋左传》，这里正是春秋齐晋鞌之战时，齐顷公三周华不注处。这场著名的战争，自然也为文学创作提供了最为丰富的创作题材。

第二节　水中看山山更佳

——宋、金时期华不注的韵士歌咏

一、曾巩：翠岭嫩岚晴可掇

宋金时代，是华不注最美的时期之一，湖光山色，青翠倒影。这一时期的华山诗文作品不多，但大多出自大家手笔，如宋代的曾巩与金元之际的元好问。而由这些作品中，我们也可以窥见当时华不注的景致之美。

千百年来，在济南的城市发展史上，有众多并非土生土长的济南人的外地人士为这座城市奉献了聪明才华，做出过重大贡献。这其中尤值得人们终生铭记的，是曾巩。这位跻身"唐宋八大家"行列的著名文学家，可不单单是作了几首优美漂亮的泉水诗或修了几座湖边亭馆，不是的，他是为济南这座城市的整体的审美规划与建设倾尽心力；或者说，他是这座城市最早的泉文化设计者、建设者，他为把济南建成一个潇洒的园林名城，做出了彪炳史册的历史贡献。

曾巩（1019—1083），字子固，北宋政治家、文学家，建昌南丰人，雅号"南丰先生"。他"生而警敏……辞甚伟，甫冠，名闻四方。欧阳修见其文，奇之"。宋仁宗嘉祐二年（1057），曾巩中进士，先后任太平州司法参军、馆阁校勘、集贤校理、实录检讨官等，后来他先后出任越州、齐州、襄州、洪州、福州、明州、亳州、沧州等地地方官，晚年拜中书舍人，官至三品。曾巩卒于元丰六年（1083），享年65岁。著有《元

曾巩

丰类稿》五十卷，《续元丰类稿》四十卷，《元丰类稿外集》十卷等。

熙宁四年（1071），53岁的曾巩来到齐州（今济南）任知州。曾巩上任前，齐州地方豪强势力十分猖獗，如曲堤周氏拥有雄厚资产，称霸一方，欺压良民，无恶不作，因其势力很大，州县官吏不敢过问。曾巩上任后的第一件事便是打击地方豪强黑暗势力与盗寇，"其治以疾奸急盗为本"。他依照法律首先镇压了曲堤恶霸周高，从此"豪宗大姓敛手莫敢动"。接着，他以怀柔、教育和分化瓦解之策，治理了章丘的盗民之乱，使齐州出现了"外户不闭"、安定祥和的社会秩序。曾巩在齐州还十分注重兴办教育，他在齐州恢复了《尚书》之学，使齐州学校皆授《尚书》，从而促进了地方教育事业和学术事业的发展。然而，曾巩对济南的最大贡献是在城市建设上，他主持修建了齐州北水门等一系列水利工程，加之疏浚水道，开挖新渠，修建湖泉亭馆，全面规划大明湖建设，使济南成为一座"潇洒似江南"的山水名城。

济南多甘泉，而逢雨季，南部山区和城内诸泉的水流会毫无节制地宣泄到城北；与此同时，北门之外又"流潦暴集"往城内涌，于是北门内外，常常遭受水患。曾巩在考察了地理水文之后，在北城展开了大规模的水利建设，其中的核心工程便是北水门（即水闸）的建设。熙宁五年（1072）年初，曾巩"以库钱买石，僦民为工"，在其旧门之处，用石头垒成水门的两崖，用坚木做成闸门，"视水之高下而闭纵之，于是外内之水，禁障宣通，皆得其节，又无后患"。北水门的建成使当年这块名为历水陂的沼泽成为天然水库，成了今日大明湖的最早雏形。

接着，曾巩利用疏浚湖水时挖掘的泥沙，修筑了一条贯通湖的南北两岸、可驰骏马的堤——百花堤，并在堤北的北城墙上修建了北渚亭。百花堤将湖水隔为东、西两部分，堤上栽花种柳（"周以百花林""间以绿杨阴"），若沿堤一路走来可到北岸登临北渚亭。宋人晁补之曾描绘过登亭所见之壮美景观："群峰屹然列于林上，城郭井间皆在其下，陂湖迤逦，川原极望。"曾巩还围绕大明湖建起芙蓉、水西、湖西、北池等七座桥梁，将湖水和泉水串联起来，构成了碧波桥影、绮丽柔媚的"七桥风月"景观。此外，他还在与湖紧邻的州衙和湖畔修建了名士轩、净化堂等诸多亭馆楼榭，点缀在湖山之间。清人董芸说："湖上亭馆之盛自宋始。熙宁间，曾子固知齐州事，一时歌咏见于《南丰集》中者：曰仁风亭，曰芍药厅，曰净化堂，曰竹斋，曰凝香斋，曰环波亭，曰采香亭，曰水香亭。"应该说，正是在曾巩主持的规划与建设下，大明湖方始构成了它之后近千年作为风景胜地的基本格局与面貌。

曾堤

曾巩还在趵突泉边建造了历山堂和泺源堂，"南丰知齐州日，建此以馆客"。然而，曾巩可不单是建成了"使者之馆"，他还写了《齐州二堂记》，而就是在这篇著名的文章中，他考证了两桩对济南历史文化影响深远的事体。其一，历山（千佛山）为"舜所耕处"；其二，趵突泉之源不在王屋山，就在济南南部山区："今泺上之南堂，其西南则泺水之所出也。"这对济南又是一件功德无量的事情。熙宁六年（1073）六月，曾巩调任襄州，济南老百姓以"绝桥闭门"的方式挽留他，曾巩只能于夜深人静时悄悄离去。其后，人们在千佛山建起了曾公祠。清代道光年间，曾公祠在大明湖畔重建，后来被人们习称为"南丰祠"，今日之南丰祠，已成了大明湖的一处重要的人文景观。

"济南自古多名士，每得风流太守来"，王象春《济守》诗如此说，在这首诗的注文中还列举了几位济南太守的名字："唐之李邕、宋之曾巩、晁无咎，元之赵孟頫，皆风流蕴藉，民享安富之福。"而清人王培荀在《乡园忆旧

南丰祠

录》中，则把"乐天、东坡守杭州""曾子固知齐州"这种文化现象称为"以诗人置之诗地，可谓人地相宜，不独善政垂世，其诗亦美不胜收矣"。的确，曾巩在济南的咏泉诗作，其数量之多，质量之高，实所谓锦霞在天，珠玑满目。曾巩在齐两年，写下70多首诗，占其平生诗歌创作的六分之一。如《金线泉》《明湖二首》《西湖纳凉》《百花堤》《北渚亭》《环波亭》《鹊山亭》《百花台》《芙蓉台》《水香亭》等。

下面是曾巩的《华不注山》诗：

> 虎牙千仞立巉巉，峻拔遥临济水南。
> 翠岭嫩岚晴可撷，金舆陈迹久谁探。
> 高标特起青云近，壮士三周战气酣。
> 丑父遗忠无处问，空余一掬野泉甘。

诗的前两句，写华不注的气势与方位。"虎牙千仞"是从北魏郦道元描写此山的"虎牙桀立，孤峰特拔以刺天"脱化而来。"峻拔遥临济水南"，说的是华不注的方位，如今倒成了我们考察古济水流向的资料。由此可知，在宋代，济水当在华不注之北浩浩流淌，而且华不注距济水还有一定的距离。这些描写的都是当时亦即宋时华不注的状况。

诗中值得特别注意的是"翠岭嫩岚晴可掇"句，它写尽了华不注当年的美姿。"翠岭"说的是华不注山体的绿化之美，它依然如同郦道元所写的"青崖翠发，望同点黛"甚至有过之而无不及。"嫩岚"，岚指山林雾气，"嫩岚"比喻华不注特有的水光潋滟的美丽烟雨胜景。须知，宋代的华山是一座完全浸泡在水中的山，如清人王培荀在《乡园忆旧录》中说："鹊、华二山在城北，华独高秀，《水经注》以为'虎牙刺天'……登汇波楼，眺望翠色，近在眉睫，故额题'鹊华秋色'。甲子秋闱，以此试士，试贴中亦有佳句可采。解元王余枚云：'霜老株株树，沙明面面湖。'盖宋时华山下有湖，自大明湖乘舟直至山上。昔人以山如花萼注水，故曰华不注。"曾巩还说，这种胜景，如在晴日，那是可以拾取回家的。诗人在这里用了一个巧妙的"掇"字，表达了对这美不胜收的景致的多么强烈的喜悦与赞美啊！

金舆，是华不注的故称。"华不注山，《舆地志》云，一名金舆山。"诗人在此慨叹人们对于华不注的历史陈迹也许少有探究了。接下来，诗人又再次强调并赞赏华不注"高标特起"、直插云端的奇美山势，而与之相对应的，则是古代发生在这里的那场著名战争：那齐晋大战中壮士们"三周华不注"的故地哟，仿佛至今依然战火弥漫；只是当年逢丑父"舍身救主"的忠勇事迹，已经无处可以寻问，只有甘美的华泉水空自在天地间流淌。

本诗在历史与现实之间腾挪跳跃，巧妙而有机地融为一体，思想内涵丰富，于豪迈劲健之中不乏隽秀幽美，读之余味不尽。

除此诗外，曾巩还有一首《登华不注望鲍山》，诗如下：

> 云中一点鲍山青，东望能令两眼明。
>
> 若道人心似矛戟，心中那得叔牙城。

鲍山，在济南城东的现济钢新村内，是春秋时期齐国大夫鲍叔牙的食邑。

过去，这里还有一座石城，名鲍城。鲍叔牙死后葬在此山。这首诗取典于"管鲍之交"。据《史记·管晏列传》：管仲家贫，曾经与鲍叔牙合伙做生意，赚钱后分利益管仲总是多占，但鲍叔牙不认为管仲贪婪，而是深知管仲家贫不得不如此。两个人一同当兵去打仗，管仲经常逃跑，可鲍叔牙不认为管仲胆子怯弱，而认为管仲要保命供养老母。管仲感动地说："生我者父母，知我者鲍子也。"

曾巩登上华不注，望见鲍山，他想起管仲与鲍叔牙的故事，大为感动，他情愿以一片善良、温煦之心来看待这个世界。由此可知，曾巩在济南时，经常会攀登华不注，而且是要登上顶峰的。

鲍山荐贤亭

二、元好问：华山真是碧芙蕖

看山看水自由身，着处题诗发兴新。

日日扁舟藕花里，有心长作济南人。

这首诗是《济南杂诗十首》之十，它的作者是金元之际的杰出诗人元好问。诗中充满了诗人对济南山水的赞美和眷恋。

元好问（1190—1257），字裕之，号遗山，太原秀容（今山西忻县）人。他父亲元德明以诗知名，老师郝天挺又是著名的学者，他自少年时代便有极好的文化教养。金兴定五年（1221）进士，后做过几任县令，最后官至行

元好问

尚书省左司员外郎。金亡不仕。在金元之际，被视为最有成就的诗人，也是中国文学史上的一流诗人。著有文集《遗山先生全集》，小说《续夷坚志》，编著《中州集》《唐代鼓吹》等。

元好问对济南情有独钟，一生曾两次来济南。第一次来济南，是五岁时随叔父元格去掖县（今山东莱州市）赴任。第二次来济南的缘由，他在《济南行记》中做了说明："长大来，闻人谈此州风物之美、游观之富，每以不得一游为恨。"后来，终于在元太宗七年（1235）七月，在时任济南漕事从事的好友李辅之的帮助下，他完成了这次济南之行。而《济南行记》就是他此次游济南的作品之一。

《济南行记》是一篇难得的山水游记佳作，这篇不足两千字的作品详细记述了金末元初的济南山水名胜，具有珍贵的历史文献价值和艺术价值。作品中所涉及的济南泉水名胜有：大明湖，大明湖的历下亭、环波亭、鹊山亭、北渚亭、岚漪亭、水香亭、水西亭、凝波亭、狎鸥亭、百花台、芙蓉台、百花桥、芙蓉桥、静化堂、名士轩，趵突泉（瀑流泉），泺水，济水，金线泉，灵泉

庵，杜康泉，舜井，珍珠泉，玉环泉，金虎泉，黑虎泉，柳絮泉，皇华泉，无忧泉，洗钵泉，水晶簟，水栅、绣江，绣江亭等。元好问此次来游，三泛大明湖，六七次游趵突泉，三宿灵泉庵，足见他对大明湖、趵突泉、金线泉的喜爱与欣赏。《济南行记》对于济南泉水的记述与描绘，有着重要的历史价值和文化意义。

元好问此次游历济南还写下大量吟咏济南的诗歌。清代王士禛说："元好问济南题咏，尤多而工。"元好问在《济南行记》中称，他此游"前后所得诗凡十五首"，实际上，元好问此游共写诗十九首。计有：《济南杂诗十首》《历下亭怀古分韵得南字》《舜泉效远祖道州府君体》《泛舟大明湖》《绣江泛舟有怀李郭二公》《华不注山》《题解飞卿山水卷》《药山道中二首》《济南庙中古桧同叔能赋》。他此游对大明湖印象尤深，日后又写了三首咏大明湖的词《鹧鸪天·莲》《临江仙·荷叶荷花何处好》《浣溪沙·绿绮红埃试拂弦》。这样，元好问有关济南的诗词共有22首。

下面我们来看他的《华不注山》：

> 元气遗形老更顽，孤峰直上玉屏颜。
>
> 龙头突出海波沸，鳌足断来天宇闲。
>
> 齐国伯图残照里，谪仙诗兴冷云间。
>
> 乾坤一剑无人识，夜夜光芒北斗殷。

"元气"，指充塞于天地混沌初分时的原始大气，"元气遗形"，极言华不注之古老（它的形体是天地初分时就留下的）。"顽"，坚硬固执，越老越是固执地坚守着，"老更顽"，诗人拟人化的表达多么亲切而幽默。那么，这山究竟坚守着什么呢？诗人如此铺垫，这一点显然很重要。果然，诗人通过下一句道出古老的历史名山华不注的最大特点并给出答案：孤峰之上，一无所依，且为"玉屏颜"。"屏颜"即"巉岩"，指山峰陡峭峻拔，"玉屏颜"中一个漂亮的"玉"字，极言其美，更是大有来历。原来，元好问曾在《济南行记》中说："凡北渚亭所见西北孤峰五：……曰华不注。太白诗云：'昔岁游历下，登华不注峰。兹山何峻秀，青翠如芙蓉。'此真华峰写照诗也。大明湖由北水门出，与济水合，弥漫无际。遥望此山，如在水中。盖历下城绝胜处也。"因华山被大水及水雾包围笼罩，所以会映现出如同美玉般的温润光泽，故称。此解尚有二证，其一：元好问《济南杂诗十首》其三："华山真是碧芙蕖，湖水湖光玉不如。"其二，即元好问《泛舟大明湖，待杜子不至》中"看山水底山更佳，一堆苍烟收不起"句。而这趟水中游，正是元好问泛舟大明湖经小清河东入水栅（绣江）之路，沿途所见自然是（或包括）华山在水中的美丽景致风光！由此亦可见元好问高超而独特的审美眼光：即对"水中山"的无限钟爱与欣赏。

"龙头"，指华不注，因华山看上去周围都是水，故诗人将此山比作龙头；"鳌足"，亦指华不注，据《淮南子·览冥训》，女娲断鳌足以立四极，诗人将华山比作"鳌足"即擎天柱。龙头、鳌足，都是诗人以天地间的崇高廓大的大意象来表达华山的高峻豪迈。

"齐国伯图"，据《左传》，春秋时，齐晋两霸于鲁成公二年（公元前589）在鞌发生战争，结果齐被晋打败，晋军追齐军"三周华不注"，齐国自此国势走向衰微。"谪仙"，指李白，"诗兴"，指李白诗兴大发所写的华不注诗。这两句是咏史，意思是，如今，齐国的霸图之梦和李白的诗歌豪兴，仿佛都凝结在残照冷云之间，一去不复返了。

由此，最后两句，诗人展开了人事与山陵的对照，他指出：比起人事业绩的不朽来，更为永世长存的恐怕还是华山，是大自然。他由此又萌发出一个绝妙的比喻——"乾坤一剑"，而且这充塞天地之间的一剑，夜夜的光芒直照得北斗星都发寒。因此，诗人发出深深的叹惋：可惜天底下了解华不注价值的人太少了。

第三节：鹊华烟雨成胜赏

——元代华不注才人佳制

元代，众多文士被华不注的美景吸引，华不注诗文大量涌现。其中，包括郝经、胡祗遹、王恽、张之翰、刘敏中、赵孟頫、张养浩、于钦、宋褧、吴当等著名文士和诗人、艺术家的名篇佳作。

元代华山诗文的繁荣有两大原因，其一，元初，华不注以其"鹊华落星青照湖"的美姿，成为独与趵突泉相提并论的济南名胜之冠冕。游观者包括文人越来越多，如王恽在其散文《游华不注记》中所说："济南山水，可游观者甚富，而华峰、泺源为之冠。"而在其诗《华不注歌》中吟道"齐州山水天下无，泺源之峻华峰孤"，即为明证。其二，是赵孟頫《鹊华秋色》图的深远影响。

其实赵孟頫《鹊华秋色》图的出现不是一个偶然的现象，而且不是他第一个画出《鹊华秋色》图的。元初，作为鹊华意象的构成之一"鹊华烟雨"（尚不是赵孟頫的"鹊华秋色"）业已引起人们的广泛关注与极大兴趣。

一、郝经：名泉相会来浸山

赵孟頫之前，元初较有影响的华不注诗文作者，可以郝经、胡祗遹、王恽、张之翰、刘敏中为代表。郝经（1222—1275），字伯常。其先泽州陵川（今属山西）人，金亡后徙顺天。诗人、学者。1252年，忽必烈召咨以经国安民之道，条上数十事，皆称意，遂留王府。忽必烈即位，为翰林侍读学士。1260年，充国信使赴宋践约，被贾似道扣留于真州，拘宋十六年，著述甚丰。著有《陵川集》等书。郝经写有《华不注行》：

昆仑山巅半峰碧，海风吹落犹带湿。

意气不欲随群山，独倚青空迥然立。

平地拔起惊屏颜，剑气劲插青云间。

济南名泉七十二，会为一水来浸山。

我来方作鲸川游，玉台公子邀同舟。

君山浮岚洞庭晚，小孤滴翠清江秋。

酒酣兴极烟霏昏，鱼龙惨淡回山根。

少陵不来谪仙死，举杯更欲招其魂。

魂兮不来天亦老，元气崔嵬山自好。

超超绝顶凌长风，注目东溟望蓬岛。

　　时人称郝经之文丰蔚豪宕，诗多奇崛。此诗即其一例。诗人还别具慧眼地发现"济南名泉七十二，会为一水来浸山"。是的，不仅这华不注平地拔起，独倚青空，叹为奇绝，就连环绕此山的湖水，也是与众不同的，它是晶莹甘甜的泉水呀！郝经还写有济南《金线泉》诗等。

二、胡祗遹：好营别业结云巢

胡祗遹（1227—1295），号紫山。磁州武安（今属河北）人。曾官河东山西道提刑按察副使、山东东西道提刑按察使、济南路总管。卒后，朝廷追赠其为礼部尚书，谥"文靖"。工诗文、散曲、书法，著有《紫山大全集》，但多散佚。其《华不注山》三首之一云：

> 历山岩壑尽雄豪，平野孤根迥自高。
>
> 脱海青莲明宝供，倚天翠凤理云毛。
>
> 三周胜负儿童戏，万古西东日月劳。
>
> 不大阴深不艰险，好营别业结云巢。

《四库总目》称胡祗遹"以吏材名一时，诗文自抒胸臆，无所依仿，亦无所雕饰，惟以理明词达为主"。此诗亦然。其称华不注"好营别业结云巢"句，说明其对华山之爱，亦说出当时之风尚。胡祗遹还写有别具一格的词《木兰花慢·留题济南北城水门》：

历雄都大邑，厌车马，市尘深。爱历下风烟，江湖郭郭，城市山林。人家水芝香里，看万屏千嶂变晴阴。无问买山高价，休论寸土千金。

偶因王事惬闲心，佳处更登临。倩万斛泉珠，四围岚翠，一洗尘襟！强齐霸图陈迹，但华山平野耸孤岑。今夕高筵清赏，明朝驲骑骎骎。

词作不仅生动展示了济南"万斛泉珠，四围岚翠""人家水芝香里"之美，而且写出了在济南北城上观看华不注，遥想"强齐霸图陈迹，但华山平野耸孤岑"的沧桑之感。

三、王恽：风烟胜赏华不注

王恽（1227—1304），字仲谋，号秋涧。卫州路汲县（今属河南省卫辉市）人。元初著名学者、诗文家和政治家，历官元世祖忽必烈、元成宗铁穆耳两朝，一生五任风宪、三入翰林，直言敢谏，恪尽职守，多有政绩，为一代名臣。曾官山东东西道廉访副使。他博涉经史，著有《秋涧先生大全集》等。写有诗《华不注歌》，文《游华不注记》。元史本传称王恽"文章自谓学于元好问，故其波澜意度皆不失前人矩矱；诗篇笔力坚浑亦能嗣响遗山"。先看王恽《华不注歌》：

> 齐州山水天下无，泺源之峻华峰孤。
>
> 秦鞭有力驱不去，天遣一柱标齐墟。
>
> 初疑太素女娲氏，补天断手兹遗余。
>
> 又如翠凤蓊郊薮，来应世瑞开昌图。
>
> 南山连络虽可爱，未免阿附相承趋。
>
> 孤撑直上夹右碣，猛视又似天门貙。
>
> 庆封齐豹两元恶，哆哣犹露雄牙须。
>
> 不然齐太史，冤血凝碧老不渝。
>
> 化成直笔插天外，堂堂使表春秋诛。
>
> 乾坤乃有此雄跨，未许鹊药争头颅。
>
> 江山胜概尽轩豁，远客吟眺增踌躇。
>
> 李白上天不可呼，云烟变化何须臾。
>
> 后人摹写觑天巧，百匝空绕青芙蕖。
>
> 文章李杜光焰在，有诗无诗将何如。
>
> 我思齐晋迭雄长，山灵枉被兵埃污。
>
> 桓公九合犹霸事，三周其下真夸诛。
>
> 会须扶策凌绝顶，望入苍梧叫帝虞。

王恽的确是以劲健遒苍、浑厚夺人的笔力，写出了华不注的雄奇峻拔之势。而较之此诗，他的散文《游华不注记》更见风采，特别是他自历下亭登舟渐至华山的一段描写：

北际黄台，东连叠径，悉为稻畦莲荡，水村渔舍，间错烟际，直画图也。于是，绿萍荡桨，白鸟前导，北望长吟，华之风烟胜赏，尽在吾目前矣。是日也，天朗气淑，清风徐来，水平不波，鸣丝歌板，响动林谷，举酒相属，开口而噱。少顷，扶掖登岸，相与步入华阳道观。

这真是碧波青山，烟雨浩渺，人在其中，一派情景交融、鱼鸟相亲的美丽动人景象如在目前，令人不禁想起乃师元好问《济南行记》中那段描写华不注的著名文字，真是隽美洒脱，如出一辙。而济南章丘诗人、一代名臣刘敏中亦写有《湖亭泛舟抵华峰下作》，中有"日夕山风吹醉醒，雪涛和月撼归舟"和"不尽草花随远近，相忘鱼鸟自沉浮"的诗句，恰与王恽文章写华山之水雪涛浩渺、鱼鸟相望的情景相印证。

谈到元代华不注散文，值得一提的还有官居礼部尚书、翰林院承旨的博学史家张起岩的《迎祥宫碑记》，其中称济南"环城诸山，不雄且丽"，"而巉岩万寻，孤撑云表，则华不注为之冠。峻秀之语，见称李白，非偶然也"。

四、赵孟頫：抱膝独对华不注

谈到华山艺文，对后世影响最大的当然是赵孟頫。他的《鹊华秋色》图将有专章论述。此处先谈他的华不注诗。

赵孟頫（1254—1322），字子昂，号松雪道人，元代书画大家，浙江湖州人。赵孟頫是宋太祖赵匡胤十一世孙，生平跨宋、元两个朝代。他"幼聪敏，读书过目辄成诵，为文操笔立就"。青年时期仕于南京，为真州司户参军。"宋亡，家居，益自力于学"。后元廷委派程钜夫"搜访遗逸于江南，得孟頫"，当时的赵孟頫"才气英迈，神采焕发，如神仙中人"。元世祖初授其兵部郎中，后迁集贤直学士。因其能力出众，精通治道，元世祖又打算让他参予中书政事，"孟頫固辞，有旨令出入宫门无禁"。此后，"孟頫自念久在上侧，必为人所忌，力请补外"，元至元二十九年（1292），赵孟頫被任命为同知济南路总管府事。当时总管缺任，赵孟頫得以"独署府事"。

赵孟頫在济南任职共有三年多的时间，充分展现了他的从政才能和治理水平。在这一期间，济南官事清简，社会安定。赵孟頫有着高超的案件审理能力，"有元掀儿者，役于盐场，不胜艰苦，因逃去。其父求得他人尸，遂诬告同役者杀掀儿，既诬服。孟頫疑其冤，留弗决。逾月，掀儿自归，郡中称为神明"。赵孟頫同时是一位文化素养极高的艺术大家，他为发展济南的地方文化所做出的杰出贡献更是卓然可传。他在济期间，"为政每以兴学校为先务"，改善府学条件，以致"饩廪充羡，生徒来集"；他奖掖文士，提携学子，每遇能为辞章者，即大加赞誉；他夜出巡视，闻有读书声，便记其住所，次日派人送来好酒以示慰问。

赵孟頫

赵孟頫在公务之暇常与夫人管道升到趵突泉、大明湖、华不注等处游赏。赵孟頫在济南的诗歌创作，以《趵突泉》诗最为著名。古往今来，写趵突泉的诗文作品数不胜数，而赵孟頫的这首诗却独占鳌头，享尽风华，所谓"南丰二堂之记，子昂濯尘之篇"是也。赵孟頫诗出，犹如在诗坛上刮起一股飓风，掀起了一个"和诗运动"，王培荀称："赵松雪一诗，和者千人。"（参见《乡园忆旧录》）足见此诗在诗坛上影响之深远。

据考，赵孟頫的官舍在济南的东仓。另据清代王士禛考证，他在"济南郡城西北十里"的泺口一带名为砚溪的地方建有别墅，其中有泉名洗砚泉。王士禛说："历下孙氏有别墅在济南郡城西北十里，而近其地四面皆稻塍，与鹊、华两山相望。圃中有泉，相传赵松雪洗砚泉也。一日，园丁治蔬畦，得石刻于土中，洗剔视之，乃松雪篆书二诗……"这段记述真实可考，书中提到的诗刻石现存于济南市博物馆。这两首诗一为七古，一为七绝。

下面来看赵孟頫的这两首诗：

抱膝独对华不注，孤襟四面天风来。

泉声振响暗林壑，山色滴翠落莓苔。

散发不冠弄柔翰，举杯向月临空阶。

有时扶筇步深谷，长啸袖染烟霞回。

竹林深处小亭升，白鹤徐行啄紫苔。

羽扇不摇纱帽侧，晚凉青鸟忽飞来。

（据冯云鹓《济南金石志·历城石》）

　　据诗意，当是在赵孟頫北郊的洗砚泉别墅中，面对鹊华烟雨，荷叶田田，感慨大发。这首诗充满文人雅趣，作者聪明地将自身也写了进来，是一个"散发不冠弄柔翰，举杯向月临空阶"的自由自在的文人雅士，一个"有时扶筇步深谷，长啸袖染烟霞回"的山人形象。全诗清邃奇逸，令人读之有飘飘出尘之想。诗作表现了诗人与华山、与大自然亲切交流的温馨情怀。

　　难怪多年后，清代诗人董芸依然为此大发感慨："清泉白石砚溪村，几度临池渍墨痕。纱帽笼头挥羽扇，风流犹忆赵王孙。"

五、张养浩：星月满湖归路晚

　　元代，为华不注做传神写照的还有咱们的济南老乡张养浩。

　　张养浩（1270—1329），字希孟，自号齐东野人，别号顺庵，晚号云庄老人。济南人。先世济南章丘人，祖父张山莫居济南，遂为济南人。他17岁时作七律《过舜祠》，19岁作《白云楼赋》，"以才行名缙绅间"。初任堂邑县尹，惠政在民，有口皆碑，去后十年，民众犹为立碑颂德。元武宗至大元年（1308），拜监察御史，因上《时政疏》，请求改革弊政而触怒当权者，被贬为翰林待制，旋又被罢官。元仁宗即位，被召为右司都事，后历任秘书少监、陕西行台治书侍御史、右司郎中、礼部侍郎等。元仁宗延祐五年（1318）拜礼部尚书。元英宗即位之初，参议中书省事。后弃官归隐济南城西北之云庄，过了近八年的隐居生活，其间七次拒绝朝廷征聘。而在元文宗天历二年（1329），关中大旱，朝廷召其任陕西行台御史中丞前往赈灾，他却义无反顾，立即登车就道，到官四个月就因操劳过度而去世。朝廷赠授其为陕西等处行中书省平章政事，追封滨国公，谥"文忠"。其诗文结集为《归田类稿》，另有散曲集为《云庄休居自适小乐府》。

张养浩

张养浩是我国历史上著名的政治家、散曲家和诗人。苏天爵谓其为"一代伟人"，尹旻称之为"齐鲁一人，今古罕俪"。

下面是张养浩《游华不注》诗：

苍烟万顷插孤岑，未许华山冠古今。

翠刃刺云天倚剑，白头归第日挥金。

攀援正欲穷危顶，歌舞休教阻壮心。

星月满湖归路晚，不妨吟棹碎清阴。

以赤子之情描摹故乡山水，无论数量之多还是质量之高，张养浩都堪称历代济南名士中的佼佼者。周永年曾在重刊《归田类稿》序中说，济南山水，"自郦道元《水经注》外，房豹李杜苏黄曾元诸公，仅见于诗篇。李文叔有《历下水记》，其书已不存"。而张养浩归卧云庄多年，"于环城之溪光山色，刻画清新，为诸家所未及。而各体之文，往往神施鬼设，自辟门庭"。这评价极为中肯剀切。这首诗清丽雄放，气盛词达，能道人所欲言。"苍烟万顷插孤岑，未许华山冠古今"是与另一同名华山的对照，此华不注虽小，但其刺云倚剑的气势却实在不同凡响。

结句"星月满湖归路晚，不妨吟棹碎清阴"，精妙地写出了华不注作为湖中山、水中山的月夜之美、诗意之美，令人回味无穷。

JiNAN 济南故事

第五章

自古人地两相成（下）

第一节 前后七子的华不注情结

——明代华不注名士诗文

华不注的深远影响，在明清达于极致。明代王廷相、边贡、王世贞、李攀龙、许邦才、亢思谦、黄克缵、严一鹏、刘敕、刘檄、刘朝宗、陈鸿、王象春、王大儒、叶承宗、李焕章等均写有华不注的众多诗文作品。

有明一代，在文坛上影响最大的，莫过前后七子了，而与华不注结下深厚情缘的前后七子便有四位。

一、边贡：旧是齐侬钓游处

边贡（1476—1532），字廷实，号华泉，祖籍江苏淮阴，元末其六世祖因避战乱迁居历城华不注山之阳的姚村（今历城区姚家镇）。三代以后，成为历城华族。祖父边宁，官应天府治中；父边节，曾任代州知州。明弘治九年（1496），边贡中进士，授太常博士，深得孝宗赏识。后除兵部给事中，虽重忤时贵，但他毫不退缩畏避。孝宗驾崩，他上本弹劾太监张瑜与太医刘泰、高廷和用药之误，又上《言边患封事》本，弹劾太监苗逵、保国公朱晖、都御史史琳用兵之失，词义剀切，闻者凛然。正德初迁太常寺丞，因不善事刘瑾，外放河南卫辉知府，改荆州知府，颇有治绩。后擢山西提学副使，但因丁父忧而未莅任。父忧服除，正德十年

边贡

（1515）起为河南提学副使，申条教，勤考校，士风大振。十二年（1517）以母忧归。世宗即位，即起为南京太常寺少卿，嘉靖七年（1528），转刑部右侍郎，不久又拜户部尚书，因久居留都，悠闲无事，乃游览江山，饮酒赋诗，夜以继日。嘉靖十年（1531），嫉妒其名声的右都御史劾其纵酒废职，遂致仕（或说罢职）回乡。其后在大明湖畔筑万卷楼，蓄书籍、金石甚富。想不到嘉靖十一年（1532），书楼为大火所焚。边贡仰天大哭曰："嗟乎，甚于丧我也。"从此一病不起，于当年辞世，终年57岁。边贡被葬在历城县东南的莱家庄。

有明一代，前后七子辉耀文坛。王士禛说："明诗莫盛于弘正（弘治、正德年间），弘正之诗莫盛于四杰。"所谓"弘正四杰"指的是明代"前七子"中的佼佼者李梦阳、何景明、徐祯卿和边贡。由此可以看出边贡在明代诗坛上的显赫地位。而从济南文学的角度着眼，边贡的地位更为重要，王士禛指出："吾济南诗派大昌于华泉（边贡）、沧溟（李攀龙）二氏，而筚路蓝缕之功，又以边氏为首庸。"

边贡对家乡济南尤其华不注有着深厚的感情，他曾在致诗人刘天民等人的诗中说："我济富山水，人称名士乡。"（《春日卧病寄刘子希尹王子孟宣》）华山与华泉，自古为济南的名山胜水，而边贡居家期间曾在华山与华泉之间筑起西园别馆读书、居住，并自号华泉、华泉子，其诗文集亦名《边华泉集》《边华泉集稿》等，其与华山的渊源之深厚可谓无以复加。边贡故居姚家村即在华不注之南数里。边贡有《过姚村旧业村有先君子遗陇》诗，称"百年桑梓地，回首一伤魂"，写来情深意长，感情至深。而其定居西园别馆后，激动万分地写下《卜山居城有作》诗："久定华山约，今来始卜居。梦游曾屡到，心赏复何如？圃巷环高柳，渊泉抱古墟。从兹簪与绂，当有绝交书。"在这首诗中，诗人说，他早就与华不注定下约定，将来一定到山脚下居住，今天终于实现这个积久的心愿，这可是连做梦都多次梦到的地方啊！他写这里的景色是"圃巷环高柳，渊泉抱古墟"，读者自可想象此地当时的美景。还有，似乎一提到华不注，他就激动得难以自抑。如他在《分题得鹊山湖送维正李宪副之山东》一诗中写道：

> 堰北山灵鸟相聚，对面潺湲华不注。
> 山前绿稼隐茅茨，旧是齐侬钓游处。

诗人自述：华不注山前的绿树禾稼之处，那就是我过去钓鱼游乐的地方啊！还有比这更亲切感人的诉说吗？边贡深以他家居华不注而自豪，以为这是当年李白、李邕等名家赏游并加以浪漫礼赞的名胜之地。他豪迈地吟唱道：

> 横桡越水浒，飞踏青芙蓉。
> 华阳洞口跨白鹿，醉吹玉笛呼眠龙。
> 长插野老逐李邕，锦袍仙人随赤松。

另外，边贡与华山的百姓、居民也结下深厚情感。

如他曾写下《寄华山人》诗："山人归薜萝，迢递两年过。道远情无那，秋来兴若何？湿□收早稻，江日曝寒簑。不见云中鹄，空传招隐歌。"（清康熙四十四年刻本《边华泉集》八卷卷三）华山人为谁，今已不得而知，但据此诗可知，边贡已经和华山的居民成了好友，成了莫逆之交。此外，边贡还为华山人所作的梅花画作题诗，诗写得情意款款，温馨暖人。诗名《题梅赠华山人》："梦里神交几见亲，画中还比梦时真。岁寒心事东风面，人与梅花一样春。"

边贡还写有专咏华不注的《与平厓林豸史泛湖北抵华不注山夜从陆归二首》，以下是这两首诗：

> 泛舟出近郭，落日半溪阴。
> 水阔蒹葭净，山寒烟雾深。
> 壶觞不尽兴，丝竹有余音。
> 独恨黄花少，犹烦隔浦寻。

黄昏过别业，却见旧山僧。

客驾聊云息，乡愁转更增。

水光浮夜月，林影散秋灯。

隔花闻寒犬，高轩醉懒乘。

我们以第一首为例做些分析。这首诗写了华不注之美，特别是作者深秋游览华不注的雅兴和愉悦心情。首句写诗人与好友泛舟出大明湖及济南城郭，进入可直通华山的水道，而此时西边的落日将流水铺成半溪金黄。这也顺便点明了出游的时间。"水阔兼葭净，山寒烟雾深"则是对华山美丽景致的描摹：水阔，指水势浩荡阔大；兼葭，芦苇，深秋时节，芦苇枯萎刈割将尽，更显见一片碧水秋空，浩渺澄澈；而"山寒烟雾深"，写的正是水汽空蒙、如诗如画的鹊华烟雨的美丽景致。山寒，不是山的寒冷，而是人的主观感受，这是写诗的妙诀，即写主观感受的真实。这也显示出出游的季节：秋杪。在这样的美景面前，诗人与友人兴致大发，不仅畅饮美酒，而且吹竹弹丝，其乐不可支之情状如在眼前。"独恨黄花少，犹烦隔浦寻"，"独恨"二字，从表面看来，似乎是一种遗憾，其实，这是诗人采用的欲扬反抑的手法，你想想，要隔着水浦到水的那边去寻找菊花，那兴致该是何等高涨，这叫作意在言外。纵观全诗，正反映边贡平淡和粹、沉稳流丽、"兴象飘逸，而语亦清圆"的美学风格。明代前后七子的复古运动倡言"文必秦汉，诗必盛唐"，而边诗的妙处正在于借鉴吸收唐诗的成就，善于运用生动鲜明的意象表达丰富悠长的意味。

二、王廷相：绿波绕山年年在

明代弘治、正德年间，对华不注怀有无限深情的人还有边贡的好友、明代"前七子"之一的王廷相。王廷相（1474—1544），字子衡，号浚川。明代仪封（今河南省兰考县）人。弘治十五年（1502）进士。选庶吉士，授兵科给事中。刘瑾当政时受陷害。嘉靖初迁四川按察司佥事、山东按察司副使兼提督学政。嘉靖二年再迁山东右布政使，以右副都御史巡抚四川，累迁至南京兵部尚书、兼都察院左都御史掌院事。卒谥"肃敏"。著有《王氏家藏集》等。王廷相博学多才，节义文章并著于世。清初，杨时荐在《王氏家藏集序》中称"浚川为明朝麟凤，德业文章卓冠时髦"。

王廷相《华不注歌》：

> 岌嵘登齐城，瞰华不注峰。苍壁峭孤云，怪石蟠虬龙。惊风喷荡万里来，灵气直与秋争雄。岱麓群峰秀袅娜，莲蕊芙蓉万千朵。白日云霞相蔽亏，梁父徂徕朋一火。峄峄华不注，别出三山支。仙人移家过西海，坠落拳石成崔嵬。平地突兀青刺天，不一倚附资维持。我昔东游走其下，泉上盘石一停马。辇磴查牙不得上，胸次巉天讵能泻。济水奔流东入海，绿波绕山年年在。紫凤不来乌鸢翔，石上琅玕日沉彩。呜呼！风尘澒洞兮，逢时之危，龙蛇遁藏兮，豺狼恣睢。孤臣独立兮，不愧兹石，浩荡沆瀣兮，极于两仪。

他以粗犷有力的笔触描绘山的状貌与气势："苍壁峭孤云，怪石蟠虬龙。"而"峭"与"孤"及多奇石怪石，正是华不注的典型特点。接着，诗人笔锋一转，又从山容山貌写到山周围的环境："济水奔流东入海，绿波绕山年年在。"想想看，绿水浸山，波光潋滟，水秀山明，青翠如滴，这是何等的美景，何等的韵味。而本诗的特点还在于它蕴含的诗外之境，言外之意。从"平地突兀青刺天，不一倚附资维持"到"孤臣独立兮，不愧兹石"，我们可以看到诗人内心之中的象征与寄托。

吴景旭称王廷相诗"大抵规摩三谢，故五言神似"。钱谦益虽对王廷相诗作不无微词，但也不得不承认他高自标置，"起何、李之后，凌厉驰骋……其托寄亦高且远矣"。

三、李攀龙：一峰深注白云孤

无独有偶，在边贡、王廷相之后的明代嘉靖、万历年间，文坛上又出现了以李攀龙、王世贞为代表的"后七子"。而与华不注缘分深厚的济南人、后七子领袖李攀龙，甚至被他的当代人称作"华不注"。如明代章丘知县、政声

李攀龙

文名都颇为卓著的董复亨在其《繁露园集》中说："予读边、李二公及《函山文集》，庭实若泺上之泉，于鳞若华不注，函山则大明湖……可称'历下三绝'。"在这里，董复亨将边贡（字庭实）比作趵突泉，将李攀龙（字于鳞）比作华不注山，而刘天民可以媲美大明湖。董复亨将李攀龙比作华不注，显然和李攀龙与华不注的渊源与感情，特别是他独立不倚的精神风骨与华美高雅的诗歌风格密切相关的。

李攀龙（1514—1570），号沧溟，字于鳞，祖籍济南长清，自其曾祖父起徙居历城韩仓店。他九岁丧父，家境贫寒，勤奋读书。嘉靖二十三年（1544），李攀龙中进士，官授刑部广东司主事，不久升员外郎，又升郎中。其间，他参与了吴维岳、王宗沐等人的诗社，又与王世贞、谢榛、徐中行、宗臣、梁有誉等结识，正式形成"后七子"文学团体，李攀龙遂成为一代文坛领袖。嘉靖三十二年（1553）秋，李出任顺德知府，有善政，三年后升陕西提学副使，因与上官陕西巡抚殷学不和，又有感于数次地震，遂谢病告归。隆庆元年（1567）李攀龙出任浙江按察副使，不久被擢为河南按察使，因母卒扶柩归乡，并因哀毁得疾，后心痛病突发病逝，葬于柳沟（今北马鞍山之东）。

李攀龙一生创作了1400余首诗歌，各体兼备，尤以七律成就最高，堪称明代之冠冕。王世贞《漫兴十绝》誉其诗品之高为"峨眉天半雪中看"；胡应麟《诗薮》称其为"高华杰起，一代宗风"；沈德潜称其"高华矜贵，脱弃凡庸"。

我们且看李攀龙的《登山绝顶》：

> 中天紫气抱香炉，复道金舆落帝都。
>
> 二水遥分青嶂合，一峰深注白云孤。
>
> 岱宗风雨通来往，海色楼台入有无。
>
> 不是登高能赋客，谁堪洒酒向平芜。

"中天"，即高空中，当空。"复道"，是楼阁或悬崖间的上下两重通道，此处指楼阁间架空的豪华通道。"金舆"，古代帝王乘坐的车轿。这句的意思是，云气缭绕的烟雨鹊华，犹如耸立在天宇间的一个冒着紫气的香炉，也似帝王乘坐的车轿，行进在帝都豪华的复道之上。这首联即出手不凡，显示大家风范。李攀龙用出人意料的"紫气香炉"和"复道金舆"两个妙喻，写出了华不注的美丽景致与华贵风采。华山不仅是著名的"三周华不注"的古战场，其山与水（华泉）也早已著录经传，其华贵自不待言，而金舆不只是古代帝王乘坐的车轿，它也正是华不注的又一名称。这显示着诗人的构思之妙。"二水"，指济水（大清河）与小清河，它们虽然相隔一定距离，但青山却将它们连为一体，这是何等美妙的景色。由此句也可看出，诗人是站在华山的绝顶以畅远目，且紧扣"登山绝顶"的诗题；而"一峰深注白云孤"则与"二水遥分清嶂合"形成巧妙、工稳的对仗，并托出华不注孤岸峻拔的气势。"岱宗风雨通来往，海色楼台入有无"，古人认为，华不注为泰山余脉，"类泰山石，其脉皆根于南山"。而站在华不注峰顶可东眺大海，这是何等壮观的气象。于是，诗人与友伴在峰顶饮酒赋诗，豪情满怀，发出"不是登高能赋客，谁堪洒酒向平芜"的豪迈吟唱。"登高能赋客"，喻指国家的有用人才。在这里，李攀龙显然是以"登高能赋"自居的，就他的德才而论，也是恰如其分的。而这一切，都是由他登上华不注峻拔的绝顶引发的。

李攀龙还写有《登华不注山送公瑕》一诗：

> 鸿雁高飞木叶丹，逍遥台上一凭阑。
>
> 浮云不动孤峰起，落日长临二水寒。
>
> 多病故人书未达，中原秋色醉相看。
>
> 预愁匹练江南道，极目吴门驻马难。

此诗，诗人除了用"鸿雁高飞、木叶吐丹，秋色醉相看"等来描画华不注的美丽景致外，还妙用"寒""难"等字，情景交融地表达了朋友之间的依依惜别的深厚情谊。

四、王世贞：寄语三周铁骑，何如一杖登临

李攀龙死后，后七子另一位领袖人物独主文坛二十年，声势浩大，他就是王世贞。王世贞（1528—1590），字元美。江苏太仓人。王世贞学问广博，著作甚富。虽其摹秦仿汉，拟古主义与七子门径相同，"然其才学富赡，规模终大。譬诸五都列肆，百货具陈，真伪骈罗，良楛涌杂，而名材瑰宝，亦未尝不错出其中"。

王世贞写有《济南道中望华不注》：

> 华不注何崎岖，青山削立峰岑。
>
> 寄语三周铁骑，何如一杖登临。
>
> 冠盖人人白雪，生涯处处青山。
>
> 莫怪攀龙任酒，王生犹落人间。
>
> 欲雪千山自暝，将风万树生寒。
>
> 偿债半生车马，误人一世衣冠。

　　翛翛桧栝风紧，蔼蔼桑榆日叙。
　　莫怪牛羊未下，中峰自有人家。

王世贞

　　由诗题可知，王世贞不是"登"山，而是"望"山，是诗人在济南道上望见华不注而产生的联想与感慨。第一首，诗的前两句，写华山的美丽景致，然后笔锋一转，诗人说，在如此好风景面前，我要寄语那些三周华不注的将士们，你们冒死拼杀，哪里比得上登上华不注峰顶一赏大好风光呀！对于数千年前那场轰轰烈烈的战事，诗人竟出一如此宁静淡泊之语，这是看惯沧桑的超然与达观，诗作充满着"青山依旧在，几度夕阳红"的历史哲学意蕴。第二首，"冠盖"，指官员的服装与车乘，此处指官员、官宦人家，"白雪"，喻指高雅的诗词，亦可指李攀龙的诗作与生活方式。全句的意思是，官宦们人人追求高雅的诗词或李攀龙的风格，而居处亦选择在青山之下，像李攀龙那样生活在华山与鲍山之间，这大概是当时的一种风尚吧。而居住在青山绿水、高楼画阁之间，难怪李攀龙要饮酒赋诗，而王生（疑指仙人王子乔）也要降落人间享受无穷之乐了。而从第三、第四首我们可以看到明代的华山风貌与气象。其一，树木繁茂，（"翛翛桧栝，蔼蔼桑榆，万树生寒"）；其二，山半腰有山民居住，且尽享田园耕家桑木之乐，这是一番多么美好动人的情景啊。王世贞这组诗，写来轻快活泼，实可谓平实中有深意，淡泊中含至味。

五、言简义丰，思致清远：明代华不注散文概观

明代，写华山的散文逐渐增多，作者大多为宦居山东、济南的官员及文人雅士。如嘉靖年间袁洪愈《游华不注漫记》，亢思谦《游华不注记略》《续游华不注峰》，陆钎《崇正祠碑记》，以及万历、崇祯年间贺一孝《济南府重建崇正闸记》，李焕章《登华不注记略》，刘敕《泰山行宫醮社碑记》《华山新建泰山行宫醮社记》《泰山行宫建庙碑记》等。

这些散文大多言简义丰，富于韵味，具有较深的哲理与较为高远的境界。如袁洪愈《游华不注漫记》。袁洪愈（1516—1589）字抑之，号裕春，吴县人。举嘉靖二十五年（1546）乡试第一，明年成进士，授中书舍人，擢礼科给事中。因弹劾严嵩亲信、检讨梁绍儒阿附权要等事，为时任大学士的严嵩所忌，出为福建佥事。历河南参议、山东提学副使、湖广参政，所在以清节著。嵩败，召为南京太仆少卿，寻迁太常。万历中，迁南京工部右侍郎，进右都御史，掌南院事，改礼部尚书。万历十五年（1587），就改吏部。其冬引年乞休。帝重其清德，加太子少保致仕。袁洪愈为官四十余年，"所居不增一椽，出入徒步"。卒后，赠太子太保，谥"安节"。这篇漫记写于明嘉靖四十二年癸亥（1563），即袁洪愈在山东提学任上。作品描写了华山景致特别是仲春既望月色之美（"日霁风和，人情畅如""月出东岫，景致奇也""翘首以观，有凌霄之想"），富有文人雅趣（"棋敲石上云，并拟蓬莱仙侣；杯引溪边月，同开寰宇尘襟"），特别是在登山之余展示了深沉的人生与历史之叹惋："此月之明，此山之高，始天地而始焉，终天地而终焉；吾人者，寓形两间能几何时？而欲与造物者相为不朽，则必有道矣。"

而此次与之共同登山的亢思谦写的《游华不注记略》《续游华不注峰》亦有异曲同工之妙。亢思谦，福建闽县人，明嘉靖二十六年（1547）进士，曾任山东右布政使。著有《慎修堂集》。在《游华不注记略》中，他写道："仰视孤峰，四无延附，峭拔特起，如碧凝黛染，直侵云表；奇石杂列，若虬龙虎豹，盘踞奋扬。"而登上峰顶"俯视齐城，若在几席下。群山环峙，泉流交

注；湖光树色，映带左右；斜阳暮霭，晃耀飞扬，诚天下奇观也"。描写华山景致，由下而上，舒展有致，可谓生动传神。

值得一提的还有乡人刘敕的作品，刘敕（1560—1639），字君授，明代济南府历城县（今济南市）人。明万历七年（1579）举人，之后屡考不售，遂以举人身份出任陕西富平县知县。在任期间，他减赋税，重文教，受到乡人的敬重，后辞官归家，无意仕进。刘敕在学术上有重大成就，他曾为忠孝二经作注，被礼部采用，成为各级学校的教材。崇祯五年（1632），刘敕又编成历城县历史上第一部县志《历乘》，全书共18卷10万余字，此书对后世影响很大。刘敕性耿直，尚气节。崇祯十二年（1639），清军进攻济南，刘敕不屈被杀害，其子弟亦被杀害。乡人感其忠诚，为他建立了牌坊，上书"三齐文献"。刘敕还著有《岱史》《白鸥阁集》《海岱吟》等，写有诸多华山诗文作品。其文章大多为碑记之类，其文采焕然，思致清远。除了他对华山的精彩描绘（如"平地突起，孤峰插天，小清绕于前，大清绕于后，盈眸苍翠宛若芙蓉，足称历之胜概"），令人眼界大开的是他的鬼神观，他说："神在若有若无之乡，苟不求之神明而求之心，则一念之善，一念之神也。"在那样的年代，如此话语，直如醍醐灌顶，不同寻常。难怪公鼐说他"卜筑明湖之上，日与鸥鹭相狎，故其发调清远，修辞秀雅，尝出物情之外，余故谓君受之长以风也"。

第二节　山左文章借尔传

——清代华不注名家诗文

一、概说

清代，由于水源涵养、兵燹战乱等多种原因，华山景致已大不如前，然而，与此构成反比的是，吟诵和描写华山的诗文作品却大量涌现，甚至完全超越了前代。仅在乾隆《历城县志》和民国《续修历城县志》中，便收录清代华山诗文100首（篇）之多。

这其中的原因是多方面的，它一方面说明，文化传承，特别是文学艺术的发展，于经济、政治有着相对的独立性。另一方面也可以看到，华山诗文艺术，包括《鹊华秋色》图的深厚传统及其连绵不断的深远影响，"鹊华烟雨"在元、明两代即已列入"济南八景"之一，其发酵效应于后世在文化界及民间彻底显现。其三，它与文人雅士的宣扬和当政者的提倡也密不可分。比如，清嘉庆九年（1804），"鹊华秋色"甚至成为山东乡试的考题：据王培荀《乡园忆旧录》卷四六二条"鹊华二山"记载："汇波楼……故额题'鹊华秋色'，甲子秋闱，以此试士。试帖中亦有佳句可采。"由此可见鹊华二山特别是鹊华意象影响之博大深远。生活在明末清初的遗民诗人阎尔梅写华山的诗句"山左文章借尔传"，便生动展现了当时华山诗文层出不穷、风起云涌、蓬勃发展的盛况。

清代华山诗文的作者主要有：

国内文坛名家甚至一流诗人，如施闰章、王士禛、田雯、朱彝尊、赵执信、蒲松龄、李怀民、黄景仁、王昶、阮元、铁保、陈锦、王闿运、康有为，及清代山东最杰出的书画家高凤翰等。

宦居、寓居或游览济南的诗人、名士，如阎尔梅、严沆、李世洽、陆朝瑛、堵廷棻、赵仑、陆丛桂、董文骥、宋荦、王樛、张庚、赵宪、沈心、沈廷芳、王宁焯、李隆甲、周建子、劳尔业、于秉信、毕沅、王初桐、靳文锐、夏晓春、尹济源、李图、孔昭虔、宗稷辰、吴振棫、吴镇、李济世、何明礼、高宅旸、廖炳奎、符兆纶、王大堉、王鸿、沈兆沄、冯湘舲、李沧瀛、李西堂、濮文暹、叶昌炽、张应昕等。

济南名士、诗人，如王士禄、杜漺、张元、朱缃、刘伍宽、宋云鈖、朱曾传、任弘远、龙岭、钟廷瑛、朱照、朱畹、杨濂、董芸、耿玉涵、范李、萧与澄、马中骥、王德容、何邻泉、杨恩祺、乔岳、陈超、马国翰、陈永修等。

二、五进士同登华不注

明清鼎革之际，知名的遗民诗人方文、阎尔梅都为华不注留下灿烂的诗章。至清初顺治年间，最令人注目的便是五进士同登华不注同题赋诗一事了。至今在华山华阳宫西侧泰山行宫后墙上，所镶诗碑犹在，诗碑刻诗5首，诗题同为《丁酉重九后四日同登华不注用秋字》。五位作者均为顺治进士，大名鼎鼎。依照诗序为：严沆、李世洽、陆朝瑛、施闰章、堵廷棻。顺治丁酉年是顺治十四年，即1657年，五位进士于重阳节后的第四天相约同登华不注山。何以如此凑巧呢？原来，此时，陆朝瑛（字石斋）任山东按察司金事、分巡济南道，施闰章（字尚白，号愚山）为山东提学，堵廷棻为历城知县，而严沆、李世洽（号君渥）来济也是有原因的，原来他俩丁酉年同是山东乡试的主考官。

以上五位进士中，诗名最高的当数施闰章了，当时诗坛上便有"南施北宋"之称（指施闰章与宋琬）。施闰章此诗展现了华山的景象与诗人登高怀乡的思绪（"蹑屐华峰最上头，孤亭盘石卧淹留。""凭高何事添惆怅，回首乡园松菊秋。"）然而，据《施愚山集》，他还写有一首和以上诸人的华山诗，诗题

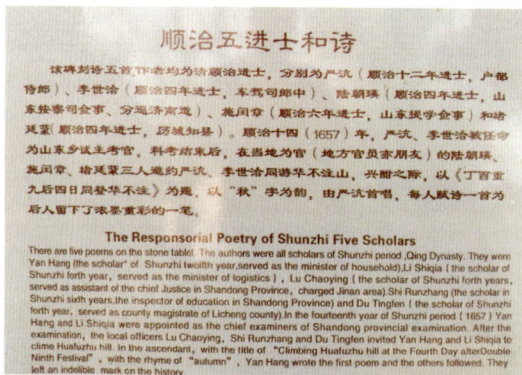

五进士同登华不注赋诗石刻

为《华不注同子餐君渥石斋赋得秋字》：

> 峻嶒孤障逼天愁，绝顶横看沧海流。
> 自觉浮生妨白眼，醉邀落日坐清秋。
> 谈天稷下名虚在，跃马中原战未休。
> 苍茫寒云阴万叠，谁知今有谪仙游。

无论气势还是韵味，此诗显然都比诗碑上的诗要好得多。尤其诗的前两联，"峻嶒孤障逼天愁"下一"愁"字，"醉邀落日坐清秋"下一"邀"字，将华不注完全拟人化了，这就将华不注孤峰插云的威逼气势和看惯人间沧桑的放达潇洒都生动地展现出来，实在是难得的佳作。这样看来，施闰章共写了两首华山诗，不知是否因为对前一首（恐怕为即时应景之作）不满，而在其后或结集时另作一首，也未可知。

三、王士禛：尹邢双照蛾眉弯

有清一代，写华山诗数量最多且质量最高的诗人，当数诗坛盟主王士禛。王士禛（1634—1711）字子真，一字贻上，号阮亭，又号渔洋山人，清初济南府新城人。顺治进士，官至刑部尚书，谥"文简"。诗风清秀圆润，蕴藉委婉。论诗创立"神韵"说，反对以议论、学问为诗。生前负有盛名，门生甚众，影响很大，为清初诗坛领袖。著作甚丰，有《带经堂全集》等。

王士禛与华不注有着极深的情缘。他曾在一首诗中说"吾州最爱华不注，白日青天卓虎牙"。仅据乾隆《历城县志》中所录，他的华山诗便有《望华不

王士禛

注怀古》《华不注》（五言律）《秋日游华不注（二首）》《戊辰人日雪行华
山下作》《遥和严颢亭、施愚山秋日登华不注之作》《郡城北路作》《华不
注》（七言绝）《归经鹊华二山间即目》《鹊华二山下作》十首之多。这其
中，有"望山"之作，有"游山"亦即登山之作，有"和诗"，有"雪行"山
下和"归经"山间之作，真可谓把华山的方方面面都写尽了。但，这仍然不是
其华山诗的全部，据笔者所见，他的《过鹊华》诗，县志便未曾收录。再是，
他的华山诗不仅数量多，而且质量优。如王士禛最为诗人们称道且模仿的《归
经鹊华二山间即目》诗：

> 山海作经首鹊山，招摇之桂生其间。
> 丽麝之水出其下，祝余四照花斓斑。
> 今此鹊山勿乃是，越人陈迹谁追攀。
> 泺水南来纤且直，罗生夹岸蓣芜菅。
> 隔水正望华不注，疑临玉镜窥烟鬟。
> 是耶非耶看不定，尹邢双照蛾眉弯。
> 被山璚琈不收拾，黄如蒸栗丹砂殷。
> 七十二闸远钩带，如棋布子交回环。
> 柳花满树绿于染，杏花点地红斑斑。
> 始知今日已寒食，泼火小雨回天悭。
> 濯缨湖亭好烟景，春波澹沲清心颜。
> 回首却望卫河北，风沙莽荡连雄关。

全诗写来洋洋洒洒，大气磅礴，尤其"隔水正望华不注，疑临玉镜窥烟
鬟。是耶非耶看不定，尹邢双照蛾眉弯"四句，在后世引起强烈反响。这一段
表现的是，诗人行经鹊华二山之间，南来的泺水将两座山的山影倒映在水中，
犹如古代美女在头上或额旁梳成美丽的环形发式——环形髻。这已经够美够炫
的了，然而，诗人仍感到意犹未尽，拿什么来形容鹊华景致呢？此时诗人蓦然

想到一个天下最美的比喻和拟人：尹、邢。原来"尹邢"是汉武帝最美丽也最宠幸的两个妃子尹夫人、邢夫人的并称，美不胜收的鹊华倒影呀，就像尹、邢二位夫人双双在明镜中照着她们美丽的蛾眉一般。不同的是，因担心二位美人见面后由于彼此美貌而互生嫉妒，所以汉武帝有诏二人不得相见，这就是成语"尹邢避面"的来历；而美丽的鹊华二山却能天天在一起展现美姿，更是美不胜收了。

此奇思妙喻一经出现，立即在诗坛上引起轩然大波，一时赞赏者、仿效者颇不乏其人。如龙岭在《拟题赵松雪〈鹊华秋色〉图》中吟道："就中两峰最兀峙，尹邢欲斗双蛾眉。"又如王初桐在《携大晋、大仪登华不注绝顶》中："俨如尹邢俦，窥镜新钗珥"；王德容《望华不注》："更有鹊山共烟雨，尹邢对处恰相宜"；陈永修《游华不注六言》六首之五："比如妆淡浓抹，应笑妒生尹邢"等。而王培荀则在《乡园忆旧录》中说："鹊、华二山在城北，华独高秀，《水经注》以为'虎牙刺天'，李太白拟之'青芙蓉'，皆妙于形容。渔阳自北来，望见鹊、华，比之尹、邢。二山平地拔起，如英雄不阶尺土，尤为奇也。"

四、阮元：两年山下记行踪

宦居或寓居济南的官员和名士中，与华不注关系非凡的数得上阮元。乾隆年间，身为山东学政，酷爱风雅的阮元在秋高气爽的季节专门组织生员游览华鹊二山以"试士"，不仅收获众多华山好诗，而且足以引领当时的文化风潮。他在文章中写道："华不注山，独立平楚中，秀削孤清，苍翠湿人眉宇，即郦道元所称'单椒秀泽'者也。屡欲赋之，愧体物不称。后见马秋药比部履泰诗云：'天抛秀气成孤注，我纵心兵已万周。'竟为搁笔。华不注山下泉源灌注，陂池交属，荷稻之利，村民赖之。余每与比部乘款段往来其间，城中达官不知此地之妙。比部诗云：'荷花怒发疑喷岸，黄犊闲眠解看人。'亦足管领清境矣。"

怀着对华不注的深厚情感，阮元写下《过华不注山》诗：

两年山下记行踪，秀泽单椒磴百重。

南渡济流初起岳，北离岱麓独成峰。

三周人与车声远，九月秋如画色浓。

不是明湖开晓镜，鄂跗谁照碧芙蓉。

诗作描写了华不注"秀泽单椒"的迷人景致、悠远历史与美丽现实（"三周人与车声远，九月秋如画色浓"），由此也回答了读者他何以在山东两年来多次登临并回味华不注的原因，所谓"两年山下记行踪"是也！

五、全祖望：言简意赅绘名山

这一时期散文作品亦复不少。除上述阮元在其《小沧浪笔谈》中的作品，还有朱照、王培荀在其著作中对华山景致的美丽抒写。康熙至民国，由乡贤赵履恭、刘鹤岭、李沅等撰文《重修泰山行宫碑记》《重修华阳宫四季殿碑记》《重修泰山行宫十王殿碑记》《茶棚碑记》等众多碑记，除宗教内涵外，这些碑文大多对华山描景绘物，富有文采。

清代散文中，尤值得一提的是全祖望《游华不注记》。全祖望（1705—1755），字绍衣，号谢山，小名补，自署鲒埼亭长，学者称谢山先生。浙江鄞县（今宁波市鄞州区）人。清代史学家、文学家和思想家，浙东学派重要代表。乾隆元年（1736）荐举博学鸿词，同年中进士，选翰林院庶吉士，为李绂所重用。因李绂与张廷玉不和，散馆后以知县任用，遂愤而辞官不复出，专心著述。所著有《鲒埼亭集》。

全祖望

这篇散文不足300字，但却极富史料价值和文学价值。作者写的是他在雍正九年（1731）夏天（辛亥七月）游历华不注的经历，为后人留下当年华不注难得的真实景况与面貌。其一，当时华不注景致已大不如前，而声名不减："山中乱石横亘，蹊径芜塞"，"而前辈盛称鹊华秋色，故再过之。"游览华山已无水路可直达，"向罗学使竹园借骑……游"。其二，山半"汲华泉"，这说明当时山半有泉，许是当年山下华泉淤塞，山门以山半之泉代之。其三，华不注最为明媚之时在明代及之前："沙门为予言：'明德邸在历下时，此间花鸟之盛，不下虎丘。'"当然，作为历史风景名山，华不注风韵犹存，全祖望以诗意之笔描摹道："登其巅，直见渤海。时则天风飒飒，始知秋气。山门青绿，隐隐初有萌芽。道元'单椒秀泽，虎牙兀立'之语，可为神肖，不能复措一词。"真的是美不胜收！如此短小的一篇文章，却有着如此丰富的历史信息和审美韵味，这充分展示了全祖望不唯作为历史学家，而且作为文学家的睿智与才华。当年写这篇短文时，全祖望只有23岁。

六、康有为：移都会于华不注前

从清末到民初，另一位对华不注倾注深情且诉诸文章的名流要数康有为了。康有为（1858—1927）原名祖诒，字广厦，号长素，又号更生。清光绪进士，中国近代维新派领袖，后为保皇会首领。著有《新学伪经考》《孔子改制考》《大同书》《康南海先生诗集》等。

1923年6月17日，康有为以年近七十之龄，攀上华山之巅，其后把对华山的赞美和设想具体地写进了他的《新济南

康有为

记》一文。在这篇文章中，康有为说："遥望此山如在水中，盖历下城绝胜处也……南京钟山紫金峰、北京翠微山、煤山，扬州的七星山，苏州的横山，然山水之美皆不若华不注也。"因此他指出："诚宜移都会于华不注前。"也就是说，康有为认为华山山前是建立都会城市的理想位置，所以应该把省会济南迁移到这儿。康有为的这一主张当然主要源自华山一带优越的地理位置，同时也与他笃信"堪舆"之学即讲究风水有关。他把华山在平原地带的突起，视为泰山支脉北走至此而在平原地带加以集结的结果；言外之意，华山，是泰山向北延伸的集结点。华山既然与泰山连在一起，自然是块"风水宝地"，所以他才提出"诚宜移都会于华不注前"。不过他也知道"移都会"是不现实的，但在华山之阳开建新城则是可行的，于是他指出："然今亦不必移也，但开一新济南，尤美善矣……"意思是说，迁移就不必了，只要辟建一个新济南，便特别完美了。那么，如何建设"新济南"呢？康有为提出："今驰道已至黄台山，黄台桥有农林学校在焉，诚宜从黄台桥通驰道于华山前，以华山为公园，稍缀亭台，循花木，先移各学校于山前。"同时，康有为还建议在华山前新建园林式住宅区时，要仿照青岛汇泉湾畔别墅群的样子："宅必楼，瓦必红，宅式不得同"，"红瓦，绿树，青山……"他认为这样做，"不十年，新济南必雄冠中国都会"。康有为的这一设想虽然未能实现，但他在八十多年以前提出的这一建设思路，可谓独具匠心，与当今济南的华山新城规划不谋而合；而他在《新济南记》一文中所提出的"以华山为公园"的设想，也已变为现实。

JINAN 济南故事

第六章

鹊华烟雨成盛赏

第一节 《鹊华秋色》图的形成与艺术分析

一、《鹊华秋色》图的形成过程

济南城北的鹊山、华山一带，早在唐宋时便是著名的风景名胜之地。李白、杜甫、曾巩等都曾在此留下过诗篇。后刘豫开凿小清河，破坏了此地的水源，但到元初赵孟頫的时代，这里仍然是一片有水的沼泽地带，是济南的一处风景胜地。

鹊华景观的艺术表现，不自赵孟頫始。赵孟頫《鹊华秋色》图的出现不是一个偶然的现象。在赵孟頫画《鹊华秋色》之前六十年，大诗人元好问便写有《济南杂诗十首》，之八云："入秋云物便凄迷，一道湖光树影齐。诗在鹊山烟雨里，王家图上旧曾题。"在诗的注中，便有"王清卿家有《鹊山烟雨图》"句。王清卿，此人已无可查考，估计是当时济南或寓居济南的一位有些名气的画家、文士。由此可知，在更早的金元之际，就有以鹊华烟雨为题的画

作存世。

而比赵孟頫大十多岁的张之翰（1243—1296）亦有《鹊华烟雨图》一诗：
"壁立长空剑倚云，小孤直与大孤邻。几时烟雨齐州道，遥认双溪是故人。"
而张之翰还写有《会波楼赋》，其中有："华峰剑倚绝阿附，鹊山壁立无陂
陀。或浮岚滴翠于交流，或颠光倒影于回涡。真江中之两孤，立亘古而不
颇。"两次将鹊山、华山比作长江中美丽的大孤山与小孤山。此外，还有另一
位年长赵孟頫十余岁的刘敏中也写有一首《鹊华烟雨》："华峰屹如削，嶣峣
独立天一角。鹊山偃以截，参差始见元气裂。悠悠二水西南来，水萦华带江湖
开。洲平岸阔望不到，两山欲合川先回。忆昔扁舟随鱼鸟，翠屏玉镜摇清晓。
山头忽觉云景变，风雨来时山更好。飞烟渺渺晦复明，远近俯仰青冥冥。乾坤
水墨人不识，短蓑容我扁舟横。一朝踽蹢埃尘底，咫尺清游隔千里。眼明亲见
此画图，茫然却在扁舟里。遣客归来空老矣。"这说明，此时鹊华已是被人们
连在一起看待的景观，也说明鹊华景观早已是风景绝佳、为济南人心所向往的
好去处；而文人雅士用绘画、诗文等各种形式表现和咏唱鹊华景观，在赵孟頫
之前就早已出现。

然而，鹊华意象的正式确立，却与赵孟頫的那幅名画《鹊华秋色》图密不

可分，或者说是赵孟頫和这幅名画使得鹊华景观声名远播。

元贞元年（1295），刚刚从济南路总管府卸任的赵孟頫在家乡湖州与周密等好友宴饮，他赞美济南山川之胜，不意勾起了祖籍济南但却从未到过故乡的周密的浓浓乡思。赵孟頫于是凭着记忆勾画出济南鹊、华二山之形胜，即《鹊华秋色》图，赠于周密。

周密（1232—1298），字公谨，号草窗、蘋洲、萧斋；因高祖以上世代居齐州（今山东济南），曾以齐人、华不注山人、山东伧夫为别号；又因居吴兴（今浙江湖州）弁山，又别号四水潜夫、弁阳老人、弁阳啸翁。宋季，曾为临安府幕属，监和济药局，充奉礼郎、两浙运司掾，监丰储仓，义乌令等，宋亡不仕。著有《齐东野语》《武林旧事》《癸辛杂识》《浩然斋杂谈》《云烟过眼录》《志雅堂杂抄》《澄怀录》《浩然斋意抄》及《浩然斋视听抄》。词集有《蘋洲渔笛谱》《草窗词》。诗集有《草窗韵语》。

最为难得的是周密对故土济南一往情深的血脉深情。周密的祖上定居在山东历城以北的华不注山下，六世祖时移居历城南部的历山脚下，周密曾祖在北宋覆亡之时离开了故土。周密虽生长在江南，但终其一生都难忘自己是齐鲁后裔。在其手编诗集《草窗韵语》、词集《蘋洲渔笛谱》中，他署名"齐人周密公谨父"，其晚年的野史杂著中，他常常自称"历山周密""济南周密公谨父"，自署"齐人""华不注山人"。《齐东野语》书名中流露出了作者与祖籍的渊源关系，在《自序》中他反复申明："余世为齐人，居历山下，或居华不注之阳。……余故齐，欲不齐不可。"他还曾明确对友人说："我自实其为齐，非也；然客谓我非齐，亦非也。我家曾大父中丞公实自齐迁吴，及今四世，于吴为客。先公尝言：'我虽居吴，心未尝一饭不在齐也。'"周密父亲这种对故土济南的深厚情感，实在是感人肺腑，催人泪下，这是故土之情，也是故国之恋。这对周密产生了深远的影响。所以，周密由此而发出深长的叹惋道："岂其裔孙而遂忘齐哉！"

周密是赵孟頫及其父的挚友，宋末元初的著名画家及鉴赏家，又是当时见闻最广、记事最详，而又最多才多产的作家之一。他的诸多著作，不仅文采斐然，而且留下了那个时代最佳、最全的史料。给这样的一位人物作画，赵孟頫自然要倾尽全力，好在，此时的赵孟頫经历十年的北方生涯，和唐代及北宋超卓的绘画传统相衔接，从而彻底摆脱南宋画风，他已具备超凡的实力和那一时代无人能出其右的艺术才华。他就是在这样的文化背景之中完成《鹊华秋色》图的。

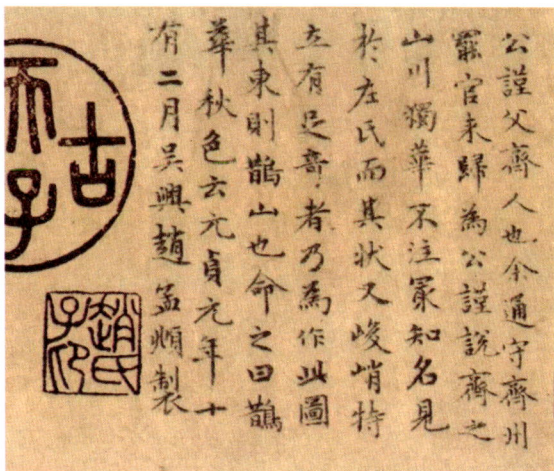

赵孟頫题跋

该图取济南城北山野实景：一片辽阔的沼泽地，有二山突起，右边尖而峭的是华不注山，左边缓而圆的是鹊山，两山刚柔相济，寄寓儒家的中和之美。两山之间远远近近错落着杂树野卉，莎草蒹葭，茅舍群羊，渔叟竹篙，景色清旷、平远。整幅画面以深蓝和浅蓝为主，杂以红、黄、褐诸色，色调鲜润，潇洒幽淡，运笔圆润，但墨色偏干，以自然显现深浅秀润、用笔略带涩滞感的书法趣味，表达了较强的主观情味，颇具文雅意趣。明代著名画家董其昌特别看重此画的文人气质和书卷气，他在题跋中说："吴兴此图，兼右丞（王维）、北苑（董源）二家画法，有唐人之致去其纤，有宋人之雄去其犷，故曰师法舍短。"这幅画的写实性很强，但却不是完全写实，它是画家所眼见的景色和他心中所想象的景色相交融的产物。

二、《鹊华秋色》图的艺术分析

要真正认识《鹊华秋色》图，首先必须认识赵孟頫，认识赵孟頫在中国绘画史上、在宋元变革中影响一代绘画风气的地位。赵孟頫是中国山水画在宋元变革时期的关键人物。如果说王维是文人画的鼻祖，苏轼是文人画的积极提倡者，那么赵孟頫就是开元代文人画风气的领袖。他说："作画贵古意，若无古意，虽工无益。"所谓"古"是针对南宋的"今"而言的。他力主画贵神韵，提倡简率和质朴，以变革南宋院体画纤细浓艳、一味写实的格调。在元代绘画实践上，元初以赵孟頫为代表的士大夫画家，提倡复古，回归唐和北宋的传统，主张以书法笔意入画，重视把书法的笔墨情趣引入绘画，因此开出重气韵、轻格律，注重主观抒情的元画风气。元代中晚期的黄公望、王蒙、倪瓒、吴镇四家，弘扬文人画风气，以寄兴托志的写意画为旨，推动画坛的发展，文人山水画的典范风格至此形成。而赵孟頫创作于1296年的《鹊华秋色》图，则是他断然摈弃南宋画风、坚决回复唐代的标志，是文人山水画的代表性、典范性作品。

这幅画，有着层出不穷的技巧。如色彩的运用：鹊华二山着以深蓝，中间的小岛着以淡蓝，而在汀渚和树叶上所用的蓝色，更是变化无穷；与蓝色相对，其他的红、黄和褐色是一个调和的因素，从鲜红的屋顶起，这暖色逐渐散播到树叶到树干并且注入所有汀渚之中。如皴笔的运用：鹊华二山和汀渚上所用的皴，元人称为"披麻皴"，其笔力自然而潇洒。这幅画充分显示画家在用笔方面的运用自如。明眼人可以辨认出画家曾用三四枝不同粗细的笔，例如，用最粗的笔来画鹊华二山、汀渚的皴纹，用细笔刻画芦苇、小船、人物、渔网等。

更出色的是画的韵味，特别是它的无与伦比的美丽诗意。

其一，"古拙"与纯真。

固然，这幅作品有着赵孟頫为其好友周密画出祖居地风景的本意，其真实性与可靠性是毋庸置疑的，况且，画家又非常熟悉那里的景致；然而，这幅画并非画于济南，而是事后画家在浙江老家凭借记忆画出的，于是他非常聪明地应用着相当程度的自由选择权，游刃有余地掌控着整幅画面的内容与构图，将眼中所见的，更是将心中所想象的理想境界水乳交融地结合为一体。比如，画面中的山形、树木、茅舍、船只和人物，并不完全合乎比例，但唯其如此，才能使得作品出现"古拙"的感觉。独特与纯真的原始魅力，把读者带入如梦如

赵孟頫《秀石疏林图》

幻、宁静安逸、充满古意的乡间田园。鉴赏家称赵孟頫"依照自己选择和组合的能力，把自然一变而为趣味盎然的画题"，而《鹊华秋色》图则是"真景的体验和心中的构图及对古人的怀念而熔铸的完美结晶，是以别创一格，成为绘画中的精品"。

其二，中国传统文人风雅情趣和理想境界的诗意表达。

画图中展现了一派简朴宁静的气象，一个清新淳厚的大自然，画家亲切而略带伤感的愁绪和如同仙境的桃花源情境融为一体，表达了中国文人的精神诉求和理想境界：渴望远离世俗的烦嚣喧闹，甘愿重过村夫渔叟普通自然却恬静朴实的生活。

其三，忧郁而温柔的乡愁与生命喟叹。

画图中的一切事物，组合成了一片忧郁的秋景，充溢着一腔怀旧思远的乡愁思绪，那是一个"秋风禾黍，自古而然"的中国式乡愁与哲理境界；还有人们对季节代谢的敏感，对大自然的壮观永恒与人类的渺小短暂等等生命与生存的感知与喟叹。所有这些，都在画面中让读者体味着，"都在'愁'这个字所隐含的意境中表现出来"。

赵孟頫绘画的传世之作颇多，如《红衣罗汉图》《浴马图》《秋郊饮马图》《秀石疏林图》等，而其中声望最高者则为《鹊华秋色》图，这幅最重笔墨意趣的山水画杰作。另外，他还是元代书坛的顶级大师。旅美中国艺术史家李铸晋先生认为："元代所有画家中，赵孟頫可说是最多才多艺，亦是令人最难了解的一位画家。他是第一流的政治家、经济学家、文士、诗人、音乐家、书法家和画家。他的天才可与艺术界的伟人如莱奥纳多·达·芬奇、米开朗琪罗和彼得·保罗·鲁本斯相提并论。"

第二节 《鹊华秋色》图的印章题跋、流传过程及价值显现

就印章、题跋来说，《鹊华秋色》图在中国画史上可说是装潢得最丰富多彩的。而从这些印章题跋上，我们可以部分地窥见这幅名画的流传过程：它曾经被哪些鉴赏家所过目，哪些收藏家所收藏。真是不说不知道，一看吓一跳，有资格进入这个行列的，都是著名的艺术大家、收藏世家、高官显宦乃至帝王，几乎没有例外。那些在绘画史上都曾赫然在目的名人题跋，更显示出这幅画作不同寻常的价值与意义。

《鹊华秋色》图题跋及收藏者，元代有周密、杨载、范梈、欧阳玄等；明代有钱溥、文征明（收藏并摹写）、王世懋、项元汴、董其昌、吴景运等；清代则有张若麟、张应甲、曹溶、宋荦、纳兰性德、梁清标、禹之鼎（临本）、高士奇……最后大概由与康熙交谊甚笃的梁清标将此图献于御府收藏。此图多年来所享有的盛誉于此显而易见。

一、元代：以书画名当代，士大夫争宝之

在这些跋中，以元代杨载所题的为最早。杨载（1271—1323）是赵孟頫的挚友，其声名地位亦是赵孟頫一手提拔而致。他学问渊博，著作亦多，延祐间（1314—1320），杨载被擢为进士，旋受命为朝廷史官。其跋如下：

義之摩诘，千载书画之绝，独"兰亭叙""辋川图"尤得意之笔。吴兴赵承旨，以书画名当代。评者谓能兼美乎二公。兹观《鹊华秋色》一图，自识其上，种种臻妙，清思可人，一洗工气，谓非得意之笔可乎？诚義之之兰亭，摩诘之辋川也。君锡宝之哉。他必有识者，谓语语也。大德丁酉孟春望后三日，浦城杨载题于君锡之崇古斋。

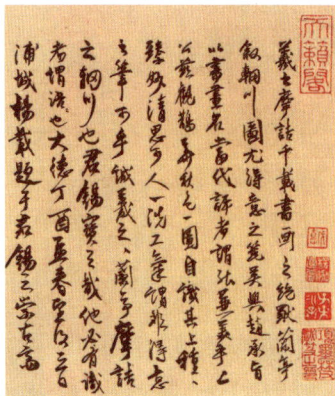

杨载题跋

此跋展现了杨载对赵孟頫绘画所知之深，绝对是内行专家精准绝妙的评价。他说《鹊华秋色》图为赵孟頫"得意之笔"，"种种臻妙，清思可人"，其原因在于赵孟頫此图的内涵与诀窍在于"规模晋唐，古意所在"。以笔墨入画，诚文人画之先导。

根据年份，其次是范梈（1272—1330）写于1329年的跋，他写道：

赵公子昂，书法晋，画师唐，为一代之冠，荣际于五朝，人得其片楮，亦夸以为荣者。非贵其名，而以其实也。今观此卷，殊胜于别作，仲弘所谓公之得意者信矣。

范梈是南方学者，和赵孟頫一样，曾在燕京的翰林院做官，亦曾在中国南方任行政官之职。此跋与杨载跋文意有相同之处，如说赵孟頫"书法晋，画师唐，为一代之冠"等，但此跋更具体地谈到赵孟頫当时的艺术名声，"荣际于五朝，人得其片楮，亦夸以为荣者"。如同杨跋，文中并没有道出范梈是这幅画作的物主，只是在其名款上，加盖了一个有范梈的号"德机"的圆印。

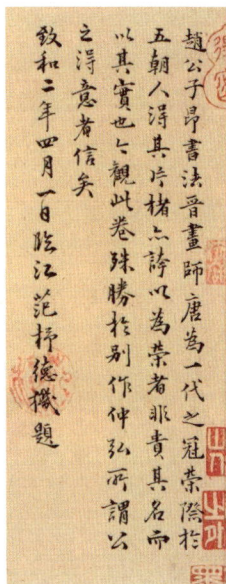

范梈题跋

这时期唯一有关画主的迹象可说是画迹左下角欧阳玄的印。欧阳玄（1283—1357）原籍江西，是位文人，亦曾任高官。和前两位作者不同，他并未作跋。

虞集（1272—1348）大概曾为赵孟頫另一幅画题跋，而明代的鉴赏家钱溥（1408—1488）把它抄到《鹊华秋色》图中，作为跋语。虞集是元代中叶名重一时的文人，亦任高官，与赵孟頫为知交，对后者的作品最为激赏。跋文原本日期是1344年，虞氏谓：

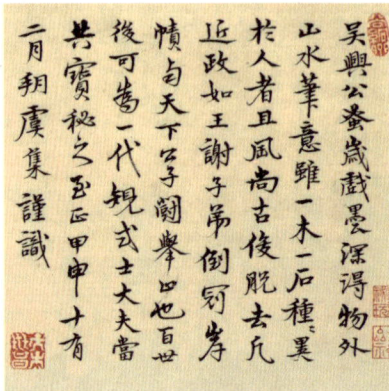

虞集题跋

> 吴兴公蚤岁戏墨，深得物外山水笔意。虽一木一石，种种异于人者。且风尚古俊，脱去凡迹。政如王谢子弟，倒冠岸帻，与天下公子斗举止也，百世后可为一代规式。士大夫当共宝秘之。

二、明代：为文征明、董其昌所激赏，倍增风流辉映

《鹊华秋色图》之所以名声大振，除了作品自身的品质外，它受到明代著名画家如文征明、董其昌的激赏也是原因之一。文征明不仅收藏，并在已届88岁高龄、逝世前二年摹画了这幅图。

而董其昌与此图渊源尤深。他不仅在画上有五则题跋，并曾制作了数帧摹本（其中一幅仍存于世）。清代郡人王培荀在《乡园忆旧录》中说："元赵文敏、明董文敏，皆以书画擅名。赵文敏《鹊华秋色图》既入大内，董公亦绘此图，风流辉映，足称盛事。"

董其昌的第一则跋记于1602年除夕之日，称此图为"文敏一生得意笔，不减伯时《莲社图》"。而第二则写于1605年的跋尤为重要，其中称：

吴兴此图，兼右丞北苑二家画法。有唐人之致，去其纤。有北宋之雄，去其犷。故曰师法舍短。亦如书家，以肖似古人不能变体为书奴也。

这是一段对赵孟頫及《鹊华秋色》图的经典型评说，同时，包含着董其昌多年的书画经验总结。

另外，他还应其友惠生之邀，将元代诗人张雨为这幅画和周密而写的诗抄下来，作为这幅画的诗跋。张雨（1283—1350），旧名张泽之，又名张嗣真，字伯雨，号贞居子，又号句曲外史。钱塘（浙江杭州）人，元代诗人、书画家、茅山派道士。博学多闻，善谈名理。曾从虞集受学，诗才清丽。著有诗集《贞居集》（又名《句曲外史集》）五卷。张雨此诗写得颇有情趣：

弁阳老人公谨父，周之子孙犹怀土。
南采寄食弁山阳，梦作齐东野人语。
济南别驾平原君，为貌家山入囊楮。
鹊华秋色翠可食，耕稼陶渔在其下。
吴侬白头不归去，不如掩卷听春雨。

这首诗写得生动幽默，雅俗共赏，情韵悠悠，且带有一种亲切甜蜜的乡愁，令人回味不尽。而继诗跋之后，董其昌还题一跋，从周密、钱舜举谈到赵孟頫，说他们"得见闻唐宋风流"，称"湖州一派，真画学所宗也"。

董其昌题跋

董其昌《高逸图》

三、清代：是"珍宝还乡"还是"巧购豪夺"？

清初，康熙初年，《鹊华秋色》图曾有一段回归山东老家的历史。提起这段历史，便不能不提到山东胶州的一对父子，《鹊华秋色》图上有他们父子二人的印章，父亲是张若麒，儿子名张应甲。

张若麒（？—1656），山东胶州人，明崇祯四年（1631）进士，初任清苑县知县，后迁给事中，刑部主事。大学士杨嗣昌以张若麒知兵，调为兵部职方司主事，不久升为郎中。李自成攻陷北京，授其山海防御使之职。顺治元年，清兵攻京师，张若麒降清，授顺天府丞。若麒学识渊博，尤精经史之学，著有《诗经课》《礼记课》《止足轩集》等书行世。

然而，真正到江南去购买这幅作品的却不是张若麒，而是他的长子张应甲。张应甲（生卒年不详）字先三，号静庵，顺治年拔贡。据《民国增修胶志》，张应甲"性端方，少为诸生，有文名。弟应桂，早通仕籍，应甲以家居养亲，不求仕进，以岁贡终。若麒尝出田千余亩，一供祭一赡族一养士，名张氏三田。应甲承父志，经理祀必尽礼，赡族亲疏不遗，择贫士有志力学者给粟四石，岁以为常。八十年遵循弗改"。

清初有"南画北渡"之说，指书画名迹从江南旧士族流向北方新贵。《清晖阁赠贻尺牍》有《王时敏行书致王翚札》云："清河君（张先三）遣人来问关仝真迹、大年《湖庄清夏图》，云'不惜重购'。弟未忍轻弃，婉言辞之。但此迹藏之甚密，外人何以闻知？穷子渐成孤露，惟此衣钵，永以为宝。"

北方新贵多为明朝贰臣，张先三之父张若麒就是典型代表。所不同的是，这父子二人有着相当的艺术眼光和鉴赏力，他们在江南购置了多幅前代的书画名作，《鹊华秋色》图只是其中之一。对此，清代的书画鉴藏家吴其贞曾对父子二人的审美眼光大加赞赏。吴其贞曾谈到他在1635至1677年间所看到的书画，其中这样写道：

以上三图（包括《鹊华秋色图》）是张先山（三）携至吴门访余于庄家园上。观赏终日，不能释手。先三山东胶州人，阀阅世家，乃翁（指张若麒）笃好书画，广于考究古今记录。凡有书法名画在江南者，命先三访而收之。为余指教某物在某家所获去颇多耳。时癸卯正月十日。

据这段文字，我们可知，这父子二人，尤其是张若麒，对书画研究之深。他不唯"笃好书画"，而且"广于考究古今记录"，凡有书法名画在江南者，无不知晓。所以，在台前购画的是张先三，其幕后指挥者则是其父张若麒。而且，张应甲购得此画后，特意请张若麒的好友曹溶作跋。

曹溶（1613—1685）字洁躬，号秋岳，一号倦圃。浙江秀水人。明崇祯十年进士，官御史。顺治元年降清。

曹溶的跋文笔极其雅致：

世人解重元末四家，不解推尊松雪，绝不足怪，不过胸中无书耳。余见松雪画至伙，绚烂天真，各极其致。此为公谨作图，用笔遒古，殆以公谨精鉴别，有意分云烟过眼中一位耶。卷藏金沙旧家，今归胶州张先三。鹊华两山有灵，故使主人涉江千里，攫取此卷还其乡也。曹溶题于双溪舟中。

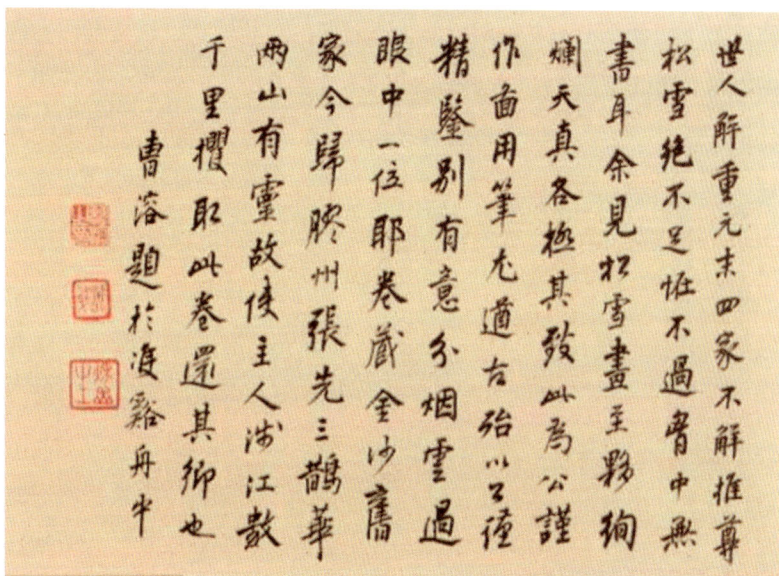

曹溶题跋

曹溶做过高官，而且是清初著名的鉴赏家和收藏家。他不仅高度评价赵孟𫖯的艺术成就，对人们只知推重元四家而不知推尊赵孟𫖯的行为直指根源，斥为"胸中无书"，而且对《鹊华秋色》图本身的价值大加赞赏。更为重要的是，对于张应甲回购此画的行为，曹溶大加赞赏，称之为"鹊华两山有灵，故使主人涉江千里，攫取此卷还其乡也"。在曹溶的心目中，这是珍宝还乡，完璧归赵啊。

然而，在此事过了半个世纪之后，另一位张氏父子的胶州老乡，也是山东有清一代最负盛名的书画大家高凤翰却指责这种行为为"巧购豪夺"。他在一首名为《题禹鸿胪摹赵松雪〈鹊华秋色〉卷子后》的诗中说：

> 昔我童年侍老父，窃闻画事述掌故。
> 鹊华秋色说吴兴，鸥波旧迹名最著。
> 几经好事阅流传，初归江南某侍御。
> 清河公子老胶西，巧购豪夺东海去。
> （赵本曾入吾胶张先三先生家）

清河公子指张应甲，老胶西可能指张若麒。高凤翰在这里将购回《鹊华秋色》图直斥为巧购豪夺，应该与张若麒的不良名声有关。他曾先后仕明、仕大顺、仕清，这是重节操的国人很难容忍的。疾恶如仇的高凤翰对自己的乡人痛下针砭，绝非偶然。就连张若麒的哥哥张若獬也对其弟的行为深感羞愧，他曾为家乡的关帝庙题对联曰"同胞兄弟羞，二心臣子愧"，隐讽其事。所以，这事其实和名画回乡不是一码事，但人们注定要连在一起看。

这幅画接着又落入宋荦之手，他以鉴赏家的身份，曾在很多画作上盖了不少印章，故名于世。然而，《鹊华秋色》图上却无任何宋荦的印记。宋荦（1634—1713），字牧仲，号漫堂，晚号西陂老人、石陂放鸭翁等。河南商丘人。清代诗人、书画家、收藏家。官至吏部尚书。宋荦精于鉴藏，淹通典籍。康熙二十六年（1688）四月至十月任山东按察使。不知此画是否为宋荦在山东时所获得。

画卷辗转为康熙朝中一名满族宰相所获，后再传其子纳兰性德。纳兰性德虽然早逝，但曾擢进士，不但仕途得意，而且还是一位知名的文学家。他和项元汴的趣味相同，只在画上散置印记，而不题跋。从他那里，这幅画大概转入著名的鉴赏家梁清标之手。也许梁氏与康熙皇帝交谊甚笃，遂将此图献归御府收藏。以善画人像名于康熙一朝的禹之鼎，在《鹊华秋色》图仍为梁清标所藏时，或已入御府以后，作了一帧临本。而其时著有数册有趣目录的名鉴赏家高士奇，亦曾题跋，叙述这幅画的历史。当然，还有上述的山东画家高凤翰也作诗叙说这段史实。

第三节 《鹊华秋色》图与济南

一、"鹊华烟雨"作为"济南八景"辉煌亮相

最迟在明朝中期嘉靖年间，"鹊华烟雨"即作为"济南八景"辉煌亮相，这当然与《鹊华秋色》图有着一定的关联。包括"鹊华烟雨"在内的济南八景（其他依次为锦屏春晓、趵突腾空、明湖泛舟、佛山赏菊、白云雪霁、汇波晚照、历下秋风），初见于明崇祯年间叶承宗编纂的《历城县志》，而济南八景产生的年代，连比叶志略早的刘敕《历乘》都称"历当齐鲁之交……昔人标为八景，而桑沧代变，湮灭者多"，此可见八景产生年代之遥远。20世纪90年代，济南文化学者严薇青教授，在靖安巷15号其同学黄威凤家原来祠堂内，"发现（为黄威凤见告）明人徐承祖书写的'济南八景'两块刻石，分别镶嵌在祠堂的东西墙上，并各附徐氏所写的律诗一首。东墙刻石是明湖泛舟、鹊华烟雨、佛山赏菊和白云雪霁。西墙现仍为墙皮覆盖，没能看到，估计当是趵突腾空、汇波晚照、历下秋风与锦屏春晓。"严先生据此判断："济南八景之说远在元明两代就已有了。"徐承祖是明代嘉靖间人，进士出身。因而，作为最

保守的说法：最迟在明朝中期嘉靖年间，"鹊华烟雨"即作为"济南八景"之一辉煌亮相。

二、清初"鹊华之间"概念的出现

清初，在济南"鹊华之间"概念的出现，说明鹊华景观当时已成为仅次于七十二泉的景观概念。

清代，鹊华秋色已名闻遐迩。全祖望在《游华不注记》中称"前辈盛称鹊华秋色"，而此时济南也出现了一个新的地域概念，谓之"鹊华之间"。

华山鹊山一带，自南宋之前，有鹊山湖、华山湖，湖水浩渺，一片汪洋。南宋降将刘豫开凿小清河后，湖水大量流失，然此一带依然荷塘遍布，溪流纵横，禾黍飘香，景色淳美，同时也是一个宜居之处。元代，这里已有别墅村出现，张养浩有《游华鹊村别墅》一诗，称这里"萧鼓村村社，丹青步步山"。即使到了清代，这里美景虽已不及当年，但依然富有风韵。王培荀曾在《乡园忆旧录》中称：

历城北门外，最饶佳境，三春烟雨，菜花弥望，大似郫县。海客诗云："城北蒙蒙碧水湾，放舟无那稻屯边。微吟清壑《郊行》句，'黄菜花中见鹊山'。"

顺治年间，曾任山东学政的顺天人钟性朴因爱济南山水，以病乞休后，在济南金线泉畔辟梅园养老，病死之际曰："葬吾于鹊华之间，吾幸与华泉、于鳞冢土相望也。"而著名诗人田雯称其"赏花饮酒，吟咏流连"，描写济南景致的诗作，"大抵于鹊华峰间、七十二泉上得之"。据侯琪先生考证，田雯移家济南之际，曾住在大明湖北，此正鹊华之间也。而王士禛在论及历下孙氏别墅及赵孟頫之洗砚泉时，更特别指出此处"与鹊华两山相望"。由此观之，鹊华之间因能观看鹊华景观且环境舒适优雅，而被人们视为风水宝地、风景胜地、最佳人居环境。而歌咏北郊风光的诗文大量持续不断地出现，受到王士禛激赏的朱绪的"绿蘋香里逢渔夫，黄菜花中见鹊山"堪为典型。因鹊华桥在大明湖南，对鹊华景观，人们通常将大明湖涵盖其中，如乾隆鹊华桥诗"长堤数里亘双湖，夹镜波光入画图"，又如王闿运《大明湖望学院内台徐寿衡聘姝之地》："鹊华山翠拥齐都，最好澄莹十顷湖。"

三、《鹊华秋色》图与济南诗作及其他

此画对济南后世影响颇大，济南人颇以此为自豪，不仅画中景色跻身旧时"济南八景"之行列，而且它引出无数的诗词歌赋与文雅旧事。

高凤翰《题禹鸿胪摹赵松雪〈鹊华秋色〉卷子后》：

昔我童年侍老父，窃闻画事述掌故。鹊华秋色说吴兴，鸥波旧迹名最著。几经好事阅流传，初归江南某侍御。清河公子老胶西，巧购豪夺东海去。缘延转手归商丘，此后茫茫失考据。我年二十踏省门，席帽秋风济南路。每从驴背相低昂，点黛高吟郦生句。便从东道假居停，望华楼当七里铺。日日开窗对美人，窈窕宜晴复宜雨。练影横烟月最奇，真见银湾华不注。一瞥别来二十年，老我江湖悲日暮。忽然到眼诧奇踪，虎贲中郎了无误。摩挲历历见乡关，指点游踪辨烟树。摹者鸿胪收江村，题墨如新皆情愫。真本辗转归梁公，梁公不有入武库。此本江村亦不守，吹落禾城如飘雾。总我此生五十七，见见闻闻凡几度。吁嗟此卷一画耳，底事纷纷劳转输。掷笔大笑了前尘，秋色苍茫是何处？

这首诗写的是一个《鹊华秋色》图的摹本，诗人无缘见到《鹊华秋色》图的真迹，他所见到的是禹之鼎的摹本，但诗中谈到的却不是摹本，而是《鹊华秋色》原图的真实故事（此事上文已有说明）。而此诗更为感人的则是高凤翰与此画的产生地济南特别是华鹊二山的情感联系。诗人说他自打二十岁那年来到济南，骑在驴背上便吟唱着郦道元描写华不注的文句。后来，他做家庭教师（"假馆"），长期住在好友朱叙园的别墅七里铺的望华楼，可以天天欣赏到鹊华之美景。他在诗中这样写道："日日开窗对美人，窈窕宜晴复宜雨。练影横烟月最奇，真见银湾华不注。"而当二十年后，他见到的即便是摹本，依然激动得难以自持，诗中称："摩挲历历见乡关，指点游踪辨烟树。摹者鸿胪收

江村，题墨如新皆情愫。"一片乡园故国之情令人不禁潸然。

与《鹊华秋色》图直接相关的还有乾隆年间曾经宦济的高官王昶。王昶（1724—1806），字德甫，号兰泉。青浦（今属上海市）人。清乾隆十九年（1754）进士。官至刑部侍郎。工诗文，好金石之学。著有《春融堂集》。其《观赵松雪〈鹊华秋色图〉》诗如下：

水晶宫里神仙子，所过湖山来笔底。已将佳胜尽吴兴，更向明湖写烟水。明湖澄碧汇诸泉，常与词人泛酒船。少陵北海邀游处，蘋花蘋叶兼蒲莲。吾昨一篙依短屿，扣舷击楫鸥群举。桥东遥望鹊华山，天际分明见眉妩。今观此卷若重游，远村近堞望中收。采香虽无佚女在，清响偶有渔童讴。书堂凉到正萧瑟，又展吴绡玩秋色。骚辩弥增宋玉愁，风流更爱王孙笔。北苑南宗理不殊，顿生归思寄莼鲈。好携历下亭中景，比似苕溪与珰湖。

与高凤翰不同，王昶所见到的是《鹊华秋色》图的原作，许是他官居刑部侍郎的高位，又兼著名学者的缘故。在这首诗中，他充分肯定了这幅图的艺术价值，同时这幅图更勾起了诗人深深的济南之恋，因诗人曾于乾隆二十九年（1764）至三十一年（1766），任刑部山东司主事，对济南的风景名胜多所游历。他这样回忆起他在美丽的济南畅游大明湖、观赏鹊华胜景的往事："吾昨一篙依短屿，扣舷击楫鸥群举。桥东遥望鹊华山，天际分明见眉妩。"而见到《鹊华秋色》图，仿佛旧地重游，使他激动万分。"今观此卷若重游，远村近堞望中收。采香虽无佚女在，清响偶有渔童讴。"该诗同时也引起他淡淡的乡愁，因为这美似江南的历下风景最易引发南人的莼鲈之思："好携历下亭中景，比似苕溪与珰湖。"

与《鹊华秋色》图关系密切的还有乾隆后期担任山东学政的诗人、学者阮元，他写有《题董文敏摹赵文敏〈鹊华秋色图〉诗并序》一诗，这首诗的"序"具有很高的历史价值，透露出许多世人不知的关于《鹊华秋色》图的故事。其一，元代诗人画家张雨也作有一幅《鹊华秋色》图，这样，他就不仅仅是为周密写了一首诗而已（见前）；其二，董其昌不仅有多幅摹本，而且曾作为藏主藏有赵孟頫《鹊华秋色》图（"鸥波图旧为董思翁所藏"）；其三，董其昌癸卯年摹本质量极佳，且曾为阮元收藏，阮元称其"带水长林，浮烟远岫。草窗松雪，风韵双清"。阮元对之十分珍爱，在山东济南两年中，一直带在身边（"思翁此帧常悬行馆，'单椒秀泽'，尚爱此山看不足也。"）他对济南特别是鹊华秋色的爱也在诗中有着生动的描绘："我曾两载按齐州，湖里荷花水上楼。七十二泉流不尽，青烟两点鹊华秋。鹊华山色真奇绝，画意诗情不能说。"后来，他调离济南去了浙江，但依然对鹊华割舍不下那份情感，于是，他便每每拿出董其昌的这幅作品以解相思之情："若愁难到双峰下，试看华亭此幅图。华亭妙笔朝朝见，壁上双峰压吴练。"

另外，阮元在他的《小沧浪笔谈》中，还收有龙岭的《拟题赵松雪〈鹊华秋色图〉一诗》。龙岭（生卒年不详），字印麓，亦字云路。清代滕县人。乾隆己亥（1779）副贡生，官博平县教谕。博雅好学，熟悉掌故，经典史传外凡有披览，皆能成诵。著有《石菌山斋诗稿》《峄山志》《滕薛拾遗》若干卷。诗中云："妙迹留传定几家，只今吴氏秘清华。何当真向图中住，两点秋山水一涯。"据此，可以猜测，当时有一吴氏藏主藏有《鹊华秋色》图的一帧摹本，且所摹逼真，使得诗人恨不得住进画图中所描绘的如同仙界的鹊华之间。

自打赵孟頫的《鹊华秋色》图诞生，在诗人的诗作中，济南，济南美丽的鹊华景致与赵孟頫，已经成为一个不可分割的整体。如乾隆二十三年（1758）曾任山东按察使的诗人、学者沈廷芳在他的《登华不注历鹊山下》诗中说："会当烟雨际，凉秋坐昏晓。长年乐斯游，白云堪送老。"好一个美景之下潇洒超越的情怀。又如王初桐诗："水郭山村带鹊华，王孙画意两峰霞。春来日日多烟雨，开遍平田黄菜花。"廖炳奎《华不注》诗："谁蘸椽笔题醉墨，写出鹊华烟雨秋。"

而在那些济南本土的诗人笔下，对鹊华景致和《鹊华秋色》图更是一往情深。如任弘远《咏古今人物》诗："济南秋色画图里，记得王孙貌鹊华。今日得从马上看，吴兴真迹落谁家？"只要身处济南美丽的秋色里，便会想起当年留下《鹊华秋色》图的赵孟頫，诗人由济南风光而及人及画，最后发出深深的感慨：只是不知道这幅名作究竟花落谁家了？又如何邻泉《登会波楼望鹊、华二山》诗："春云漠漠绕层楼，独倚危栏放醉眸。……忽忆吴兴传妙墨，此身如在画中游。"他说自己只要看到华鹊二山，就会想起赵孟頫，想起他的《鹊华秋色》图，从而产生游览美景的愉悦感受。而范李《秋日游鹊、华两山》诗则进一步追根溯源，指出是济南老乡周密的思乡之情，催生了这部不朽画作："华跗直与孤云立，鹊壁平从旷野浮。不是弁阳老词客，鸥波图画为谁留。"

许多济南诗人充满对赵孟頫深深的感激与怀念，追寻与追念图的下落，特别是对鹊华秋色、鹊华烟雨的描绘与赞美，使读者深深感受到济南风光的可爱与文化的厚重。有的诗人甚至效法赵孟頫与周密的故事，如扬州画家罗聘为自号"华峰山人"的济南府诗人董芸作《华鹊相遇图》，称相赠此图为"效松雪与弁阳老人故事"。

在这不胜枚举的济南诗作中，尤为值得一提的还有杨恩祺的《〈鹊华秋色图〉二首》：

谁写鹊华岚色秋？吴兴妙迹旧曾留。树皴岭面迷丹灶，云抹山腰护寺楼。霭霭烟光浮绢素，萧萧雨气渍砚头。翠屏斜插单椒耸，展卷真堪恣卧游。锦衣公子玉堂仙，佳话独能忆昔年。偶尔宦游来稷下，顿教清兴落樽前。湖山尽入丹青笔，宾主重修翰墨缘。为问斯图今在否，余风遗韵尚流传。

此诗写来酣畅淋漓，情意款款。是的，不论这幅图在与不在，这幅图与图的作者，都将在济南历史上永垂不朽。

《鹊华秋色》图诞生后，以此为题的绘画作品也不鲜见，只是现已无可查考。据王培荀《乡园忆旧录》所载："元赵文敏、明董文敏，皆以书画擅名。赵文敏《鹊华秋色图》既入大内，董公亦绘此图，风流辉映，足称盛事……后来临摹甚多，历城朱某前绘千佛山，后列鹊华，浓如点黛，列如翠屏，虽不沿旧名，而画意宛然在秋色落照间也。"

四、清代乾隆皇帝与该画带有传奇性的真实故事

过去，人们包括学界将乾隆皇帝与《鹊华秋色》图的故事当作传说，这其实是一段真实的历史。由于乾隆对这幅画特别有兴趣，这位皇帝以大字在画上标出画题，系以无数的御印，而且题跋凡九则，把画面和题跋部分的空白差不多填满了。根据这些跋，我们知道，乾隆在1748年东巡，在济南鹊华桥观看鹊华景观，对此地景色大为叹赏，因而想起赵孟頫的这幅画，即命侍从飞骑往北京御府，取来画卷，遂能以画迹和眼前的风景加以印证。他发现二者同样雄伟壮观。在比较中，他还修正了赵孟頫的一点错误：赵孟頫在其自题中，说鹊山在华不注山以东，而乾隆却发现鹊山在华不注山以西。此外，还有乾隆《题鹊华桥三首》可以为证，其

一曰："长堤数里亘双湖，夹镜波光入画图。望见鹊华山色好，石桥名亦与凡殊。"乾隆对这幅画的喜爱，在官场、在文化圈甚至在老百姓的口口相传中，成为一段传奇，更会触发文

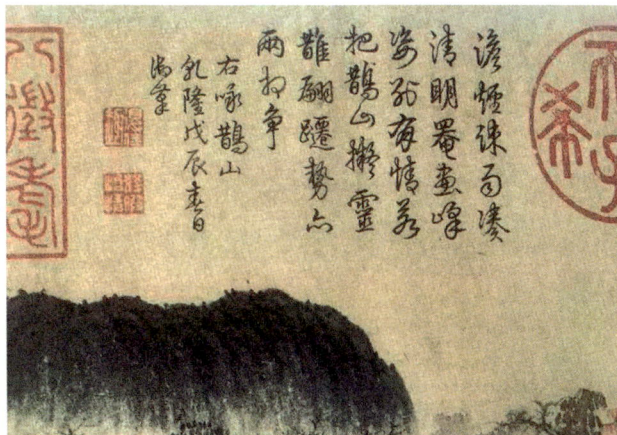

乾隆题跋

人雅士游览题咏的浓厚兴趣。

五、"鹊华秋色"成为乡试试题，济南十龄童以鹊华秋色为诗

清代嘉庆年间主政者曾将"鹊华秋色"作为乡试的试题以试士。王培荀在《乡园忆旧录卷四·鹊华二山》中说："登汇波楼眺望翠色，近在眉睫，故额题'鹊华秋色'，甲子秋闱，以此试士，试帖中亦有佳句可采。"而小型的考试甚至组织游山活动以此为题，更是不胜枚举，如阮元《小沧浪笔谈卷一》："余以秋日游鹊华两山试士，历城范李四律甚佳，余如德州萧与澄作，极幽峭之致……皆能不负题者。"

出于济南对鹊华景观的民间热度，济南有十岁儿童以此为诗，佳句为时人称颂。

民国《续修历城县志》引《小沧浪笔谈》："历城杨岳通十岁能诗，《明湖晚眺》有云：'烟雨鹊华连郭北，管弦楼阁敞湖南。'"事在清嘉庆年间。

多年来，从朝廷到民间，从文人雅士到平头百姓，人们，特别是济南人，谈到鹊华景观，莫不以此为荣。其热爱与咏歌，从未中止，而且热度从来不减，方兴未艾。多少年来，随着北郊生态环境的一度恶化，尽管作为实物的鹊华景观越来越变得无迹可寻，而作为文化的鹊华景观似乎毫不在意，依然在独往独来走自己的路。这与其说是文化的相对独立性，莫如说是文化的永恒性与自信心。

第七章

田园乐居鹊华间

　　古代，济南的烟雨华不注只是一片自然美景，从鹊山湖的汪洋恣肆到金元以降的莲池沼泽、茅舍渔庄，它屡屡出现在文人雅士的诗词文赋之中，成为艺术赞美的对象，再后来，它自然会引起人们向往田园、乐居其中的想法。这其中，尤其不能低估赵孟頫《鹊华秋色》图的深远影响。烟雨华不注，正是经历了一个从自然美到艺术美，最后发展到现实宜居的人类生活审美的漫长过程。

第一节　"风沦历城水，月倚华山树"与房家园

　　"风沦历城水，月倚华山树"乃是济南最早且最为出色的诗作之一，然而，它所描绘的不仅是华不注山与济南的泉水，而首先是华不注左近的济南北齐时代的著名私家园林——房家园。

　　古代济南有不少世代官宦、簪缨鼎食的名门望族，历城房氏即其中之一。提起房豹，可能许多人不知道，但提起房玄龄，唐初名相，却是无人不知无人不晓，房玄龄之父房彦谦，其墓地即在历城彩石，而房豹即房彦谦之叔父，房玄龄之叔祖是也。

　　实际上，自南燕、北魏、北齐、北周至隋、唐，房氏家族世代为官宦，而房豹也非寻常人物。他的出名除了他的政绩人品，还与他的一处园林——房家园密不可分。

　　据《北齐书·房豹传》，房豹字仲干，生得体貌魁伟，富有仪表风度。初官开府参军，兼任台郎中，人们评价他有着见微知著的智慧才能。后来官至乐陵太守，治郡方略稳健而凝重。他尤其同情并愿救助贫弱的下层人士，因而，他办理公事的场所无事清净，牢狱里也很少有关押的犯人。乐陵的郡治靠近大海，老百姓喝的水既咸又苦，房豹下令凿了一口井，老百姓喝上了甘甜的泉水，远近都认为这是房豹太守为政的德化造成的。房豹罢归离开后，泉水也随之变成了苦水。北齐灭亡后，房豹回到乡园养老，（北周）朝廷多次征召他做

官，他都以疾病为理由拒绝，最后在家乡去世。

房豹罢归的乡园，正是历城的房家园。

据唐段成式《酉阳杂俎》：

历城房家园，齐博陵君豹之山池，其中杂树森梀，泉石崇邃，历中祓禊之胜也。曾有人折其桐枝者，公曰："何为伤吾凤条？"自后人不复敢折。公语参军尹孝逸曰："昔季伦金谷山泉，何必逾此？"孝逸对曰："曾诣洛西，游其故所，彼此相方，诚如明教。"孝逸常欲还邺，词人饯宿于此，逸为诗曰："风沦历城水，月倚华山树。"时人以此两句，比谢灵运池塘十字焉。

文字不多，但含有令人咀味的大量信息。

其一，博陵君，房豹之封号，其家在历城，谓之房家园。

其二，房家园为历中祓禊之胜。祓禊，古代中国民俗，每年于春秋两季在水边举行祭礼，洗濯去垢，消除不祥。由此可知，房家园为一开放或半开放式私家园林，以房豹廉明公正、哀矜贫弱之精神品格，这是完全可以做得到的。

其三，房家园之生态环保堪为世代表率。有折其桐树枝者，房豹力止之，并称其"伤吾凤条"（古人有凤凰非梧桐不止的传说），此保护力度何其动人。

其四，房家园之美丽豪华非同一般。段氏称房家园"其中杂树森梀，泉石崇邃"，这些尚不为奇，关键是房豹敢拿它与金谷园相比，而又得到经多见广的尹孝逸的认可。金谷园故址在河南洛阳西北，是西晋官僚富豪石崇（字季伦）的别墅，此园随地势筑台凿地，楼台亭阁，池沼碧波，茂树郁郁，修竹亭亭，整座花园犹如天宫琼宇，繁荣华丽，极一时之盛。房豹却敢说它不一定能超过房家园，这留给后人的想象空间就大了。最起码，房家园有其独具的特色面貌，为金谷园所未曾有。

其五，"风沦历城水，月倚华山树"，是参军尹孝逸为其主公房豹之房家园的题诗，正是可以观瞻如此的美景，房家园方才建在此处。此为最早描写房家园也是济南的诗作之一，质量之高令人惊叹。"风沦历城水，月倚华山树"，当时的人们以此相比于谢灵运的"池塘十字"（即"池塘生春草，园柳变鸣禽"），这绝非溢美之词。试想：风吹皱了历城的一池春水，月亮倚在华不注的树梢。就这样直白地翻译过去，尚且余味无穷；而"风沦"对"月倚"，"历城水"对"华山树"，亦是工稳恰切无比；还有，"风沦"与"月倚"，一个"沦"一个"倚"，简直把风与月生命化、人格化了，而两句句首相对的又恰是风月二字，这是中国人对于大自然（包括历城山水）的总体概括，"风月无边"，这也是对中国文人唯美而风雅的生活态度的隐喻性说法。

从不少清代诗人的诗文集来看，房家园在清代还存在。比如，清乾隆年间济南诗人朱曾传《房家园池即景》："回廊窈窕短篱斜，为爱房家似习家。秋到有蛙成鼓吹，月明无竹不龙蛇。烟畦露槛君臣药，雨颔风颐姊妹花。定有幽人坐闲寂，欲临秋水溯兼葭。"（《国朝山左诗续钞》）诗中写到房家园的回廊短篱、烟畦露槛、绿竹红花等，而宅院的主人（应该就是房家的后人吧）却一向不与外界接触（"定有幽人坐闲寂"），给人留下不少的想象与怅惘。

由"风沦历城水，月倚华山树"的诗句，可知：房家园当在济南东郊，一个距离华山不远可以眺望华不注胜景的地方。"风沦历城水"，显然指的是鹊山湖水，"月倚华山树"，则说明华山上下的青葱树林是有名的。

第二节　文人雅士的田园雅韵

华山、鹊山一带，自南宋之前，有鹊山湖、华山湖，湖水浩渺，一片汪洋。南宋降将刘豫开凿小清河后，湖水大量流失，然此一带依然荷塘遍布，溪流纵横，禾黍飘香，景色淳美，同时因为大水的消退，反而为人类的利用创造了条件。这样一个有山有水的风景胜处，正符合人们特别是文人雅士筑室造园的理想。

一、 赵孟頫：清泉白石砚溪村

赵孟頫在作《鹊华秋色》图之前，已经大有鹊华二山的生活积累。据清代王士禛考证，赵孟頫任职济南期间，在"济南郡城西北十里"的泺口一带名为砚溪的地方建有别墅，其中有泉名洗砚泉。且后世在此发现了当年赵孟頫的遗物：篆书诗刻。王士禛说："历下孙氏有别墅在济南郡城西北十里，而近其地四面皆稻塍，与鹊、华两山相望。圃中有泉，相传赵松雪洗砚泉也。一日，园丁治蔬畦，得石刻于土中，洗剔视之，乃松雪篆书二诗……"（《香祖笔记》卷五）由此可以想见赵孟頫的风雅、闲适与超越。王士禛这段记述真实可考，书中提到的诗刻石现存于济南市博物馆。

二、张养浩：鹊华之云庄

元代重臣张养浩的云庄别墅位于鹊山湖西南岸，今标山至张公坟一带，是一典型的庄园式私家园林。张养浩喜欢将自己的别墅称为"鹊华之云庄"（见《处士庵记》）。他向读者这样介绍云庄的方位："由城中来者，面鹊华两峰，而与东南诸山相背；由村而城者，面东南诸山，华鹊两峰若相踵。"张养浩将这种生活在鹊华之间的美丽感受称之为"无适而不山伍"（《翠阴亭记》）。

云庄别墅有水陆田500亩，此地不远，正有以趵突泉为源头的泺水流过，而泺水的支流则在云庄纵横交织，使之成为明丽的清流与莲池（"或歧流和派，经纬乎畎亩之中"）。张养浩充分利用云庄良好的泉水资源，引水凿池，植石造林，在园中营建起遂闲堂、云锦池、雪香林、处士庵、绰然亭、挂月峰、待凤石等诸多名胜景点。张养浩喜爱奇石，园中共有十块太湖石，号为"十友"，其中的龙、凤、龟、麟四石最为难得，有"四灵石"之称。张养浩还畜有苍、白二鹤，往来饮啄，与林泉花石相映。他写有《我爱云庄好九首》，其八曰："我爱云庄好，光风四季兼。泉声闻隔屋，花影见垂帘。丘壑间如傲，门庭静似岩。个中何限福，动止不须占。"

真正擅长写田园的诗人，不唯写田园之美，他更注重写田园在自己心灵中留下的印象与感受。这应该是王士禛对张养浩所写家乡隐居作品赞不绝口的原因所在。张养浩为官三十余年，晚年得此佳境，称自己"譬之久笼之禽，困驾之马，一旦翔云霄而纵郊牧，则其快心适意为何如！"

三、华鹊村别墅

元代，鹊华一带已有别墅村出现，张养浩有《游华鹊村别墅》一诗：

> 蝉蜕尘埃外，鸿冥水石间。
> 老无囊底智，□□闲中欢。
> 萧鼓村村社，丹青步步山。
> 三年方得□，□气动林峦。

许是大水消去，"开发的"便过来了？

"蝉蜕尘埃外，鸿冥水石间"，写华鹊村山水相映、清爽纯净的美丽景致，诗作之中颇有缺字，华鹊村究竟为私家别墅还是村舍尚辨别不清。不过，就下面的"萧鼓村村社，丹青步步山"来看，鹊华一带已有一定的村舍是肯定无疑的。

四、边贡：西园别馆

明代，边贡祖居在华不注山之阳的姚村（今历城区姚家镇）。而边贡居家期间曾在华山与华泉之间筑起西园别馆读书、居住，并自号华泉、华泉子，其诗文集亦名《边华泉集》《边华泉集稿》等。其定居西园别馆后，曾激动万分地写下《卜山居城有作》诗："久定华山约，今来始卜居。梦游曾屡到，心赏复何如？圃巷环高柳，渊泉抱古墟。从兹簪与绂，当有绝交书。"

华泉

第三节　"鹊华之间"：地域概念的出现及地域概念与审美概念的统一

清初顺治年间，曾任山东学政的顺天人钟性朴因爱济南山水，以病乞休后，在济南金线泉畔辟栖园养老，病死之际曰："葬吾于鹊华之间，吾幸与华泉、于鳞冢土相望也。"（参见乾隆《历城县志·钟性朴传》）

这是我们在文献中首次看到"鹊华之间"的提法，它在历史中的出现，肯定还要更早些。

此时，这种提法出现频率颇高。

济南府德州籍著名诗人田雯称其"赏花饮酒，吟咏流连"、描写济南景致的诗作，"大抵于鹊华峰间、七十二泉上得之"。据侯琪先生考证，田雯移家济南之际，曾住在大明湖北，此正鹊华之间也。

　　而王士禛在论及历下孙氏别墅及赵孟頫之洗砚泉时，更特别指出此处"与鹊华两山相望"。

　　王培荀曾在《乡园忆旧录》中称：

　　历城北门外，最饶佳境，三春烟雨，菜花弥望，大似郫县。海客诗云："城北蒙蒙碧水湾，放舟无那稻屯边。微吟清瞿《郊行》句，'黄菜花中见鹊山'。"

　　由此可知，"鹊华之间"不唯是一个地域概念，更是一个审美概念。

　　这一概念的出现，说明鹊华景观当时已成为仅次于"七十二泉"的景观概念。

　　概言之，此时的鹊华之间因能观看鹊华景观且环境醇美，舒适优雅，而被人们视为风水宝地、风景胜地，最佳人居环境。而歌咏北郊风光的诗文大量持续不断地出现，受到王士禛激赏的朱缃的"绿蘋香里逢渔夫，黄菜花中见鹊山"堪为典型。因鹊华桥在大明湖南，对鹊华景观，人们通常将大明湖涵盖其中，如乾隆鹊华桥诗："长堤数里亘双湖，夹镜波光入画图"；又如王闿运

《大明湖望学院内台徐寿衡聘姝之地》"鹊华山翠拥齐都，最好澄莹十顷湖"等，可为证明。

第四节　朱叙园望华楼：日日开窗对美人

古今观看鹊华烟雨的绝佳处，应该莫过于清代康熙、雍正年间，朱叙园之别业望华楼。

一、高南村：秋风席帽济南路

清代康熙雍正年间，济南有一观看鹊华烟雨特别是观看华不注胜景的绝佳处，笔者认为，怕是不唯清代，这望华楼应该是自古以来观看华不注的最佳之处了。

望华楼为济南簪缨世族朱氏家族朱叙园先生之别业，其楼建在济南东郊七里铺（一名堡），其名称便是对着（观望）华不注而来。

其时，胶州画家、诗人高凤翰来济南参加乡试，往来奔波几十年考举人不中，几乎每一次来济都是住在他的好友朱叙园的望华楼上。因而，他写尽了在此楼观看华不注的万千风情。

高凤翰（1683—1749），字西园，号南村，晚年又号南阜山人。清代莱州府胶州（今胶州市）人。清中叶"扬州八怪"之一，是清代山东绘画史上成就最大的画家。自康熙年间至雍正初年他亦如同蒲松龄般，八次乡试不中。雍正六年（1728）以举贤良方正科一等记名授安徽歙县县丞，署知县。乾隆元年（1736）受两淮都转盐运使，因卢见曾案牵连入狱。此后他看透官场险恶，到扬州长寿庵居住，以卖文、卖字、卖画为生。著有《南阜山人诗集》。

高凤翰描写望华楼的诗篇不一而足，我们先从《题禹鸿胪摹赵松雪〈鹊华秋色〉卷子后》一诗说起，该诗之中有句云：

> 我年二十踏省门，席帽秋风济南路。
>
> 每从驴背相低昂，点黛高吟郦生句。

在这首诗里，诗人说他自打二十岁那年来省城赶考，参加（每三年一次的）乡试，便席帽秋风、不辞辛苦地跋涉在家乡胶州至济南的漫长路途上。然而，只要踏进济南，看到美丽独特的华不注山，他就情绪大振，浑身的疲劳不快一扫而空，甚至骑在颠簸起伏的驴背上，也会高声吟诵着郦道元描写华不注的千古妙句。真的是知音难逢，千载其一也！于是，下面便有了他与望华楼的美丽故事。

二、朱叙园：烟雨雅筑望华楼

众所周知，千佛山上有对华亭，高远寥廓，乃自古观览华不注之胜处，然其距离华不注较远，遇有隐晦或光线不好之天气，则效果大受影响。而望华楼不然，它距离华山甚为切近，且周围直至华不注间一片平畴，唯独此楼在高阜之上，视野开阔，一览无余，诚为观华不注古今一楼也。

出于对于华不注的深爱，于是高凤翰干脆放弃从西路黄冈进济南城的大道，而改道济南东路，以居住于望华楼上。其诗《题禹鸿胪摹赵松雪〈鹊华秋色〉卷子后》接下来说：

> 便从东道假居停，望华楼当七里铺（济南郭外村名，为朱叙园别业，予尝假馆于此）。日日开窗对美人，窈窕宜晴复宜雨。练影横烟月最奇，真见银湾华不注。

真的是才华照人的大艺术家呀！你看他住进好友朱叙园七里铺的望华楼后，可以天天欣赏到鹊华之美景，他不说是面对青山，却说成是"日日开窗对美人"，而且"窈窕宜晴复宜雨"，看这诗情与想象力哟！把华不注比作"美人"，而自己"日日开窗"与她相对，她一峰独秀，美丽窈窕，且淡妆浓抹，晴雨之际皆美不胜收。其实，将华不注比作美人，不自高南村始，康熙年间，

大诗人王士禛句"是耶非耶看不定，尹邢双照蛾眉弯"便是如此。

所以说，高凤翰将华不注比作"美女"是有先例的，他的创造在于将自己写进去，且"日日开窗"看美女，你说有多陶醉！还有，他写出了另一个最美的月夜华不注的意象：

<blockquote>练影横烟月最奇，真见银湾华不注。</blockquote>

闭上眼睛，想想，烟月朦胧，华不注如在烟水（银湾）之中，这奇异景象可不宛如仙境一般么！

真的不愧杰出的画家，如此罕见精妙的描写！华不注之美，亦是望华楼之功，望华楼之美。

三、朱崇典：望华楼里风雅主

然而，这望华楼主究竟是何方神仙？他何以会拥有如此绝佳的观景胜地望华楼？叙园是他的号，他的大名究竟是什么？

朱叙园乃清初济南豪门士族朱氏家族朱缃之第四子朱崇典（1702—？）是也。何以见得？朱缃卒于康熙四十六年（1707），生前"有子五人：崇勋、崇道、宾理、翊典、端宙"（王士禛《候补主事子青朱君墓志铭》）。其长子朱崇勋、次子朱崇道《历城县志》有传，众所周知，其他三子则少为人知。据高凤翰《古诗寿朱叙园铭弟》"阿四生年当壬午，鼎盛春秋才廿五。当时我刚十九龄，初踏场门提桂斧"可知，朱叙园正是老四（阿四），亦即翊典是也。他生于康熙壬午亦即1702年，此年高凤翰19岁，第一次到济南来考举人。那么，这"老四"叙园的大名又是什么？

又据民国《续修历城县志》"艺文考"二，载有"朱崇典《望华楼印谱》（朱学猷乡试朱卷·履历）"。《望华楼印谱》只能出自望华楼主。由此可知，望华楼主人朱叙园之大名，正朱崇典是也。朱崇典后人朱学猷的乡试朱卷（古人参加乡试要填写五六代的先人前辈），无意间向我们透露出望华楼主朱崇典的大名。

亦有论者以叙园、祐存为一人，非也，高凤翰并有《寿母篇并勗朱五弟祐存》诗，可知祐存实为老五端宙。老五祐存大名为朱崇禧，乾隆四十二年（1777）尚在世。（参见张元《绿筠轩诗四卷》卷前"受业朱崇禧祐存、朱琦景韩编次"）

高凤翰与朱氏兄弟均有唱和，但与老四叙园关系最密，唱和最多，如《小诗代柬寄怀朱叙园病中》《古诗寿朱叙园铭弟》《为朱叙园画雨中荷花》《题画石赠朱叙园》《出浴归来作〈时寓朱叙园之七里庄〉》等。

最近，笔者从清钞本高凤翰《南阜山人诗集类稿》中，又有新的发现，这是高凤翰写于乾隆九年（1744）的《济南朱四弟叙园寄所辑望华楼印谱索题，为赋长句》，此为高氏又一望华楼诗，十分珍贵，兹照录于后：

对华楼当七里铺，照黛苍堆华不注。

入楼山可一窗青。暧靆云光树里度。

当年潇洒古仙人，散发徜徉对云树。

图书万卷杂鼎钟，赤蝌全螭阄无数。

我来作客三十年，楼上元龙人已去。

小侯阿四亦佳人，嗜古真堪续武库。

有时发篋光怪腾，手弄红泥自罗布。

擅场兼复探锋端，惨淡尤能通其故。

衮然两世谱集成，寄我山中托情愫。

挺门有客到黄昏，径破荒苔踏花雾。

草堂呼上读书灯，开械静对如相语。

我亦平生耽印人，老病荒唐渐屏去。

感此呼儿复觅看，缠裹封题祇束素。

钜方细颗卧横床，惆怅无缘为君娱。

安得捃载过楼中，玩印同君画里住。

此诗不仅可证望华楼主乃朱家老四朱叙园朱崇典无疑，而且还含有多重信息。

其一，是望华楼之美。

诗人说，到得望华楼里，满眼满窗都是华不注苍翠的绿色；不唯如此，鹊华山间，还有云雾飘拂、绿树堆烟，一派烟雨迷离的迷人胜景。诗人前面的那首望华楼诗，主要写的是月夜华不注的景色，此诗则是白天日常的华不注，同样美不胜收。除了自然景致，诗人还写到此楼的文化气息，他说，不仅这些云树，是当年李白们所面对的；楼中还有"图书万卷杂鼎钟，赤蝌金螭阄无数"呀，这才是令文人雅士们最为兴奋的所在。因而诗人在最后说，他多么希望赏玩着这些印谱，重新回到望华楼这"画里住"啊！

其二，是朱崇典其人。

朱崇典并非纨绔子弟，他不仅嗜古通书画，而且尤精篆刻（"有时发篋光怪腾，手弄红泥自罗布。擅场兼复探锋端，惨淡尤能通其故。"）。特别值得一提的是，他不仅拥有极尽风雅的望华楼，他还与一部最为著名的作品相关，他是蒲松龄《聊斋志异》（殿春亭本）的缮写、编次者。

《聊斋志异》版本众多，而据蒲松龄原稿抄录的济南朱氏殿春亭钞本（已佚）无疑是最早的版本之一。之后，济南文士张希杰又据此本过录，为铸雪斋钞本，铸雪斋本卷末有署名殿春亭主人的校编后记。在蒲松龄原稿本现在仅存半部的情况下，这部钞本的重要性是不待言表的。

殿春亭主人究为何人？据蒲松龄之孙蒲立德的《书〈聊斋志异〉济南朱刻卷后》（见《东谷文集》）一文："右《志异》为卷若干，为篇若干，先大夫柳泉公所著。朱君佐臣、祐存两世叔编次，以谋梓行者也。"由此可知，所谓殿春亭主人，正是朱缃四子朱崇典、五子朱崇禧是也。

JINAN 济南故事

第八章

江山异彩名画点

赵孟頫的名作《鹊华秋色》图，使得鹊华景观声名远播，在此基础上形成了人们理想中的鹊华世界，这三者共同构成了鹊华意象的深刻内涵。鹊华意象的价值对济南这座城市意义重大，鹊华意象的打造也成为当代乃至今后济南城市建设的关键课题。中国著名建筑与城市研究专家吴良镛先生到济南考察多次，《鹊华秋色》图激发了他对济南这座城市的整体规划设计思想。他指出：借"名画"之余晖，点江山之异彩。在其指导下，华不注地区，乃至济南这座历史文化名城的建设和发展也有了崭新的思路，并开始付诸实践。

第一节　鹊华意象的当代意义

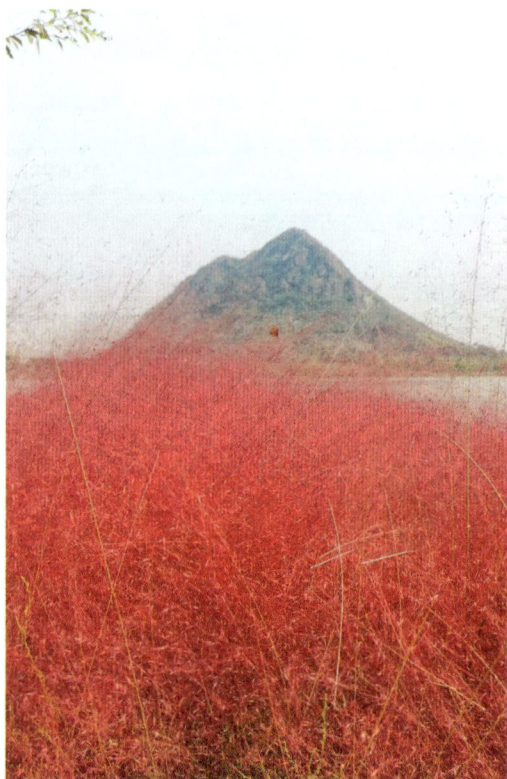

数千年的历史文化积淀使得鹊华意象所在区域古韵悠然，历来是人们景仰膜拜之地。华不注山，正是《春秋左氏传》所载齐晋大战，晋师逐齐师"三周华不注"之处，而鹊山则传为"扁鹊炼丹处"。至唐、宋，诗人李白、杜甫、曾巩、苏辙都来此游览并留下众多诗篇。近千年来，鹊华意象（鹊华秋色）早已走出济南，成为在国内富有影响的文化符号，成为济南美丽山水景致的代表性称谓。除了景致本身引人入胜，还有赵孟頫的作品在当时以及后世的深刻影响。《鹊华秋色》图这件国宝级作品，至今为我国台湾故宫博物院珍藏，成为世界艺术宝库的珍品。正所谓艺术使得一方水土永垂不朽，文化成就了一个城市的美名。

面向未来的济南城市规划与城市再造价值是鹊华意象在今天最大的资源应用性价值之所在。正是鹊华意象，启发并最终形成了吴良镛先生对济南总体规划的设想。现在，我们以鹊华意象为启发为指引，对济南打造水生态文明城市，具有深远的意义和价值。

鹊华意象还具有审美价值。

鹊山无峰，其形横展如一幅屏幕，华山与之恰成对照，其形突立于平原之上，自为一峰，无任一小山相连。古代诗人将它们比作汉武帝的宠妃尹夫人与邢夫人，体现了相互映照、相得益彰的对应性审美。

两山之所以景色宜人，引人入胜，是因为四周有美丽的湖光水色，两山青翠，水汽空蒙，云遮雾绕，犹如美女半遮面，形成独特的烟雨奇观，如同仙境。清代诗人耿玉涵有《秋日游鹊华两山》诗三首："鹊华两点翠微中，缭绕秋光望不穷。几缕晴烟遮欲断，半沉林表半浮空。""最是秋深黄叶路，两山风雨送人归。"烟雨济南，是济南作为泉水之城的最为突出、最为迷人的特征，济南的泉水水汽与水边杨柳，最易形成烟雨奇观。著名山水诗人孔孚诗"半城春水，绿了一个济南，吕品（鸟）在烟雨中，打着伞"即其写照，体现出如同仙境的烟雨之美。

《鹊华秋色》图是为了告慰周密的怀乡之思而创作的，画面表现出简朴宁静的气象和怀乡的愁绪，流露出画家渴望村夫渔叟恬静生活的愿望。这幅基本依照真实景致点化而成的佳作，屡屡出现在后世的诗文中，大多表达了一种优美的、诗意的愁绪，体现出简朴宁静、怀乡感伤的诗意之美。

华不注山，北魏郦道元有"单椒秀泽"，李白有"绿芙蓉"的意象比喻，直到清代，阮元仍称其"秀削孤清，苍翠湿人眉宇"。生机勃勃、美不胜收的青绿意象，此实为鹊华景观美学特征之一，体现了千年不移、一以贯之的"青绿意象"审美。

第二节 借"名画"之余晖，点江山之异彩

在济南的城市建设特别是华山片区的建设中，建筑大师吴良镛院士功不可没。他曾发表《借"名画"之余晖 点江山之异彩——济南"鹊华历史文化公园"刍议》一文，详细地叙述了他对于济南城市总体规划的思路，他说他是受了赵孟頫《鹊华秋色》图的启发，来完成济南城市的规划设计的。如此厚重深刻的历史感，如此穿透历史、思接千载的见识与眼光，如此绿荷跳珠、超越凡俗的审美素养与境界，方才绘就了一幅济南新时代的《鹊华秋色》图。

吴良镛院士指出，济南要建设名城风貌带，旧城区大动干戈是不可想象的，而华山作为"齐烟九点"之一，是旧日的名胜地，更有一幅《鹊华秋色》图完整地流传下来，是大有文章可作的地方。未来济南将要发展成为一个带型城市，可以以鹊、华二山作为"双阙"。借着"北湖"开拓的契机，新湖面的开拓，或可使昔日历下八景之一的"鹊华烟雨"图景重现，有望日后再次成为济南的风景"绝胜之处"。

吴良镛院士提出，在华、鹊二山，以及从二山之间穿流而过的黄河及其周边地段，建设成一个大面积的"鹊华历史文化公园"，为济南城增添文化特色。待山川环境有所恢复之后，建议一方面可以名画为基础，以前人意境高远的诗句为主题，诸如"湖阔数十里，湖光摇碧山""含笑凌倒景，欣然愿相从"等，从事园林规划设计再创造，可作点睛之笔；另一方面，此画如此负有盛名，不妨在此筹建"鹊华秋色博物馆"，既可表达名作的历史，也可以将历代济南文化名人的诗词歌赋、书画题记陈列于此，显示历城文化特色，作为济南文化名城的骄傲。正所谓：

借"名画"之余晖，

点江山之异彩。

谋城乡之统筹，

福百代之子孙。

"鹊华意象"的打造，这也是当代乃至今后济南城市建设的关键课题。笔者认为或可从以下几方面着手。

加大华山及鹊山周边的生态保护和水源涵养，以期再现"鹊华烟雨"美景。自古以来，华鹊二山青翠宜人，何故？好山赖有绿水滋养！《水经注》中对华山的描述"青崖翠发，望同点黛"，《乡园忆旧录》中记"盖宋时华山下有湖，自大明湖乘舟直至山上"，"明德邸在历下时，此间花鸟之盛，不下虎丘"。由此可知，当年，华山是一座泡在水中的山。山因水活，水因山秀，有水才能出现鹊华的烟雨奇观。

因而，眼下要建设水生态文明城市，打造新时代的鹊华景观，其要义有二：首先，抓好华山生态湿地项目和华山湖以及鹊山龙湖的建设，随着生态湿地建成，让当地居民以山水为邻，让鹊华烟雨的美景再度呈现，使其成为济南既是老的又是新的城市名片。其次，要尽量保持山水原貌，让山水和人类一同休闲、休息，在尊重华山历史文化风貌的基础上，让数百年来古人的理想变为现实。

据文献记载，华鹊一带到了晚清及近代，依然清流灌注，绿柳成荫，稻荷相望，芦叶吹雨。有诗这样描绘这里的平野锦绣、清新恬美的田园风味："荷花怒放疑嗔岸，黄犊闲眠解看人。"

今天，我们更当恢复并发展之，其想法如下：可在此广泛种荷植柳。荷、柳乃济南之市花市树，不独形美，且具诗意。可将此作为绿化的主导，打造鹊华景观。可多种芦苇。芦苇，野旷烟雨、思乡怀远之风味莫过此物，且赵孟頫在《鹊华秋色》图中多画之。《鹊华秋色》图中亦多有"杂树"，李铸晋在其著作《鹊华秋色——赵孟頫的生平与画艺》中，考图中种植的树木多为"杨树、稚松"，可一并种之。

鹊华一带曾是济南历史上的风景名胜地，有着重要的文化积淀，同时又具有重要的生态功能，基于济南当前的城市发展及"北湖"开凿的契机，在北郊建设鹊华历史文化公园，无疑具有重要的历史和现实意义。

在具体实施上，可以在公园内建鹊华秋色展览馆，或复制赵孟頫别墅砚溪村景观；可以还原济南城北砚溪村旧时景致。据文献记载，砚溪村四面皆是稻田，园圃中有一清泉即洗砚泉，可通过这种景致的构建，还原鹊华景观。

同时，可以考虑寻找并建设鹊华秋色观测点。过去鹊华秋色的观测点有大明湖的汇波楼、大明湖南岸的鹊华桥、城南千佛山、城北水门。但随着城市经济发展，城市高楼林立，这些观测点或已不复存在，或被他物所遮挡，只有寻找新的高点，才能观测到鹊华景色。在暂时缺乏更好的观测地的情况下，新建的大明湖超然楼可作为一个选择，其位置、高度及建筑质量均可胜任。

我们还可以联合报纸、电视、电台等新闻媒体，举办以"登超然楼观鹊华烟雨"为题的各种征文活动，评选佳作予以表彰，造成声势，提高这一景致的知名度。更可以古人为表率，举办游览鹊、华二山活动，以悦情娱性、创作鹊华题材文艺作品为旨归。

第九章

绿水青山新画卷

第一节　华不注在济南旅游格局中的地位与名誉

今天，提起济南的旅游资源之冠冕——三大名胜，人们很自然地便会顺口说出：趵突泉、大明湖、千佛山。然而在古代可不是这样。起码，这山应该换作华不注。华不注集历史文化名山与风景名胜于一身，所以自古以来便是名副其实的旅游胜地。它具有宝贵的自然景观价值和文化景观价值。

就自然景观价值说，华不注独立平楚中，一柱撑天的独特造型，在中国北方的平原地带可称罕见；就历史文化价值而论，它与华泉在春秋时期便因"三周华不注"的故事而声名大振。此山最早的题咏者、旅游者现已无可查考，但是，北魏之郦道元、唐之李白应该列为此山较早的题咏者、鉴赏家自然也是旅游者之列。后来，它仍然拥有诸多的"荣誉称号"：如宋元之际，它是绝胜绝美的"水中山"，元好问有"看山水底山更佳，一堆苍烟收不起"的绝妙好辞写其风采；元初，它与趵突泉并称为济南山水可游观处之"冠冕"，王恽在其《游华不注记》中说："济南山水可观者甚富，而华峰、泺源为之冠"；直到明末，它依然被称为济南"三誉"（即三大名胜）之一，其"花鸟之盛，不下虎丘"。由此可见，清代之前，华不注作为济南的第一名山，其历史文化价值、艺术价值以及旅游价值，均在其他济南名山之上。

第二节　环　境

　　过去，由于华不注是"水中山"，沿途水路风光业已美不胜收，游客未登山先自陶醉。如元代王恽在《游华不注记》中说："自历下亭登舟……泛滟东行，约里余，运肘而北，水渐弥漫，北际黄台，东连叠径，悉为稻畦莲荡，水村渔舍，间错烟际，直画图也。于是，绿萍荡桨，白鸟前导，北望长吟，华之风烟胜赏，尽在吾目前矣。"想想看，这是何等悦人心目，令人心旷神怡啊！另外，加上那一天"天朗气淑，清风徐来，水平不波"，于是诗人们"鸣丝歌板，响动林谷，举酒相属。少顷，扶掖登岸，相与步入华阳道观"。

　　到了明代嘉靖年间，去华不注依然有水路可达："出北水门，历三闸，舍舟而乘，入华阳宫。"而此时除了水路，亦有旱路可达，沿途同样美不胜收："出齐川门，由陆行，穿浍亩间。秋雨新霁，野无纤埃，稻刈方登。"

　　即使到了明末崇祯年间，水路依然畅通。据李焕章《登华不注记略》："崇祯庚午，偕徐君大拙，放舟大明湖，出会波门，沿刘豫废漕渠而北，至华阳宫登玉皇顶。"而到了清代雍正年间，可能水路已断绝，全祖望游山，只能"向罗学使竹园借骑，往城东游华不注峰"了。

　　清代，没有了水中山的美景，但华山之下，依然荷塘密布，绿柳婆娑，水草丰茂，稻禾飘香。乾隆年间，山东学政阮元曾这样记载："华不注山，独立平楚中，秀削孤清，苍翠湿人眉宇……山下泉源灌注，陂池交属，荷稻之利，村民赖之。"而诗人董芸亦有《游华不注》（三首之一）写此风光："朝出齐川门，遥指华不注。稻花十里香，中有向山路。湖云半阴晴，溪鸟自来去。"

第三节 项目与景点

来得华不注山下，由下及上都有些什么可观之处呢？用今天的话说，有些什么景点和旅游项目呢？古人尝曰："酹逢丑父下饮华泉，吊三周战处，诵太白诗；今古之际，乐间以悲。"细数之，山脚下便有华泉、华阳宫、金牛洞、回车涧、石刻李太白诸贤诗碑等众多可观之处。

一、华泉

提起这华泉，可真是大名鼎鼎。原来，它就是《春秋左氏传》记载的齐晋鞌之战中齐军大败被晋军追逐，"三周华不注"时，"丑父使公下，如华泉取饮"的所在。古时此泉甚大，唐段成式《酉阳杂俎》称"方圆百步"，华山之阳浩瀚的华山湖，相传便是由华泉水形成的。华泉的流向，在宋代以前是流入济水，宋代以后流入小清河。自古至今，从宋代的曾巩到清代的王士禛、赵执信、朱曾传等，文人的华不注诗，大多会写到华泉。而清代乾隆年间的翰林院编修李簧却写有独具一格的《华泉》诗，一向不为人知，诗云："金舆声促水声洞，丑父惊呼晋将来。锦甲换穿如口吃，夫人也许笑崇台。"诗人把这次战事源起的嘲讽对象，直接由残疾的郤克变成了齐顷公，说是如果齐顷公的夫人们看到后来齐顷公与逢丑父换甲逃命的狼狈场面，也许会笑得透不过气来，真的是想象奇特，别具慧眼。

二、金牛洞

据乾隆《历城县志》，"在华不注山下"。

三、回车涧

“草涧，在华山下，郤克逐齐侯处也。草俱连骞，蔓生如旋螺，俗云兵车绕匝所致。”明代王象春有《回车涧》诗：“帏观一笑惹烽烟，郤帅兵车满泺川。逐北三周华不注，至今草树尚连骞。”

四、华阳宫、石刻李太白诸贤诗碑

华阳宫是一处道教全真派的道观，是济南保存较好的最大的道观，计有古建筑30余座，包括泰山行宫、净土庵、关帝庙、三元宫、观音殿、三教堂、玉皇宫、棉花殿等，多年以来，形成了一处集佛、道、儒为一体的综合性宗教建筑道场，历史悠久，文化内涵深厚。古人称其为“秀灵结融之地”，“峻宇缭垣，郁然而盘桓者”，“宫据山为胜，泉深而谷幽，幡幢钟鼓，震响林壑”。此外，在华阳宫内还有明清和民国遗留下来的石碑、石刻、石狮等文物，以及千年上下的古柏苍松。

李白诗碑，据《齐乘》记载：华不注“山前道院中有石刻太白诸贤诗，院前即华泉水，与小清合流”。

在华阳宫，不仅可以观摩瞻拜各类宗教信仰人物及建筑、雕塑及壁画、李白诸人的石刻，古时这里还是一个具有相当接待能力的旅游“驿站”，在这里，“主人”可以“布几延宾”，亦可让客人即旅游者“会食广庭中”。同时，华阳宫也是观山的好去处，在这里“仰视孤峰，四无延附，峭拔特起，如碧凝黛染，直侵云表”。而王士禛《华不注》诗：“吊古思仙棹，探奇验《水经》。”王初桐《携大晋、大仪登华不注绝顶》一首：“初从华阳宫，仰视松鬅鬙。”铁保《望华不注山》诗：“齐师战已迷陵谷，李白诗犹动鬼神。”这诸多诗篇，说的便是在华阳宫既可凭吊古齐晋战场、李太白游踪等，又可“探奇”，亦即验证郦道元《水经注》所写华不注“单椒虎牙”之奇绝传神。

五、奇石

华不注素以奇石闻名。由华阳宫攀延而登，沿途所见"奇石杂列，若虬龙虎豹，盘踞奋扬"。清代诗人董芸写有《华不注奇石歌》："怒者如奔马，错者如犬牙。横者如折带，乱者如披麻。或高而如抗，或抑而如坠。或如几案平，或如矛戟锐。"华不注奇石，有前龟、后蛇、左龙、右虎之称。另外，在山阳之东，还有几块巨石形成的"仙人桥"景观，其中一巨石摇摇欲坠，令人触目惊心。

六、飞仙岩、吕祖庙、摩崖石刻

华不注山半腰有飞仙岩，岩旁有吕祖庙。庙旁巨石堆中，有一泉。而在吕祖庙西后院的山石上有一摩崖石刻，为明代嘉靖年间山东提学副使袁洪愈所作之《游华山漫记》。此漫记《县志》《府志》均未收录，更见珍贵。

七、绝顶观瞻

登华不注，最美享受是绝顶观瞻。旧时华山极顶，南有无极坊，北有遨游台，而且有泉水可饮："窝下有泉甘洌可饮，南有坊曰无极，北有台曰遨游。"赏景游览设施一应俱全。登临华不注，富近赏远观之乐："俯视齐城，

若在几席下。群山环峙，泉流交注；湖光树色，映带左右；斜阳暮霭，晃耀飞扬，诚天下奇观也。""环视鹊、鞍、匡诸冈峦，虽锐小，皆独立杰削，无附丽群山意。"此近赏之美也，而清代诗人陈永修《游华不注六言》六首尤见精致，之四："人到仙岩而上，身游图画之间。静观众鸟飞尽，独看孤云去闲。"而远观则与想象并存，远观的是南面的泰山与东面的沧海，如明代李焕章《登华不注记略》"登玉皇顶，南瞻泰岱"，清全祖望："登其巅，直见渤海。时则天风飒飒，始知秋气。"

原来，古人认为，华不注乃泰山之余脉在济南最高大者，如乾隆《历城县志》："县北境之山，皆砂石，色多黑，类泰山石，其脉皆根于南山，然断而特起，数峰错列，望之似不相属，而势拱乎内。其在东北境最高且大者，曰华不注山。"又如清人董文骥《华不注》诗："东岳势欲尽，余勇贾此山。"另外，如同古人将趵突泉等济南泉认作"海眼"一样，他们更将华不注认作"龙头"，如元好问咏华不注之"龙头突出海波沸"等。所以，这华不注绝顶远观应该是有着强烈的寻根意识与寻根情结的。

八、文人雅趣

登华不注，最高境界是雅趣诗韵。旅游是一门艺术，山水之美还要依托着能够真正鉴赏它的知音。在这方面，文人雅士是得天独厚的。我们且看这一段文字：

嘉靖癸亥仲春既望，周明溪约游华不注，致谦有"棋敲石上云，并拟蓬莱仙侣；杯引溪边月，同开寰宇尘襟"之句。至择日霁风和，人情畅如也。李西谷、刘吾男对弈山隈之堂，亢水阳与明溪浮白饮联句而吟，余翘首以观，有凌霄之想。

这真是典型的文人雅趣，云间山隈，对弈敲棋，山阳溪边，饮酒赋诗。但这还不算完：

造其巅……窝下有泉甘冽可饮，南有坊曰无极，北有台曰遨游。布席台上，酒数行，月出东岫，景致奇也。

是的，到了顶峰，还有啜泉赏月、饮酒赋诗之豪举与诸多项目呢！今之人，恐怕也是做不到的吧。

然而，文人登山，也并不总是文质彬彬的，更有见奇崛景致而狂歌劲舞的一族。如清人李西堂《秋日同友人登华不注》诗有句"狂歌太白诗，响答百谷应"便是明证。还有，同是饮酒赋诗，那况味、那情境也大不相同，如明代后七子领袖李攀龙的《登山绝顶》"不是登高能赋客，谁堪洒酒向平芜"，展现的是一派自信满满、"舍我其谁"的名士兼狂士风采。另外，游华不注，还常常会遭遇寺僧留饮索题之事，如李西堂《登华不注，寺僧留饮，欣然有作》："烟水茫茫愁望远，老僧落落不言贫。相逢一笑欢留客，毕竟论交世外真。"

第四节　而今登顶从头看

如今的华山片区，是一片绿水青山的新画卷。

21世纪初，济南市委、市政府经过多次调研，确定了省会济南的总体城市规划框架，确定济南城市空间发展战略为"东拓、西进、南控、北跨、中疏"十字方针。济南是东西长、南北窄的带状城市，城市建设不可能无限拉伸，未来必须瞄准和实施"北跨"，携河发展！华山片区建设开发正是济南市实施"北跨"战略的桥头堡。济南市委、市政府下定决心，推动华山地区开发建设，再现昔日湖光山色、鹊华美景，再续名山传奇，谱写新时代的现代泉城新篇章。

华山片区总体规划主要有《济南市华山片区概念性城市建设》《济南市华山片区控制性规划研究》等方案，基本包含了华山片区的规划定位、规划目标、空间结构、用地布局、交通组织等内容。

总体布局概括为"一园四区"："一园"：指华山历史文化湿地公园区域，主要承担历史文化、生态、景观、旅游功能。"四区"：华山西区——综合性商业居住区，位于二环东路沿线，主要承担商务办公、商业金融、旅游休闲、居住等功能的复合区；华山北区、华山东区——综合居住社区，位于华山公园东北侧，环绕南北卧牛山，依托华山历史文化湿地公园及山体景观形成综合性的居住及居住配套功能区；华山南区——综合旅游服务区，融商业服务、商务办公、旅游服务为一体的综合服务区。景观结构形成"一心四廊、一湖四山"，在建设时突出华山历史文化湿地公园建设，预留重要景观视线廊道，保障华山与鹊山、泰山、大明湖、千佛山等景点的视线联系。景观廊重点打造"四廊一轴"，主要视廊为千佛山——华山、鹊山及黄河——华山视廊；次要景观视廊为华山历史文化湿地公园——黄河廊道、华山——新东站廊道；景观轴线为二环东路——华山景观轴。"一湖四山"是指以华山湖为底，衬托华山、北卧牛、南卧牛、驴山四山秀美。规划范围为西至二环东路，北至济青高速公路，东南至小清河，总用地面积1460.36公顷。要突出华山历史文化与景观特色，重点塑造华山历史文化湿地公园，将片区塑造成为"文化底蕴浓厚、自然景观近人、旅游配套完善、生活舒适便利"的城市综合区，集历史文化、生态景观、旅游休闲、商务居住等多功能于一体的城市片区。

作为规划中最为重要的"一园"，华山历史文化生态湿地公园，在历经十余年的反复论证后，最终编制成《济南华山历史文化公园概念性规划》。规划遵照吴良镛先生提出的整体概念，即以华山为核心，以"一园一城""一湖三山""一心四廊""一环多景"来进行总体控制。

华山历史文化生态湿地公园占地面积约6.25平方千米，其中湖区面积约2.5平方千米，蓄水量约600万立方米，相当于6个大明湖公园规模。规划定位为自然山水格局的再现、古城历史文脉的传承，通过充分挖掘片区浓厚的历史底蕴，突显历史、文化、生态、湿地、景观、休闲旅游等特色，将华山历史文化生态湿地公园打造为兼具"齐鲁文化"和"泉城特色"的风景名胜区。华山湖建成后将与小清河、大明湖、护城河、趵突泉等水系连通，恢复华山"山水重连，水中起芙蓉"景观，同时也搭起了从济西小清河源头到章丘白云湖的济南湿地系统框架，改善城市生态环境，构建城市与自然互相融合、人与自然和谐相处的生态格局。同时华山湖作为小清河重要的蓄水洪区，水系与小清河连通，增加了济南北部的蓄涝能力，解决了小清河泄洪时北部排水困难的问题，为城市水系提供了蓄洪功能。

至2017年10月，华山生态湿地公园，其一期A区建设已基本完成，初步呈现景观效果，让华山倒映水中，"华山烟雨"的美景已经初见端倪。园林一期A区工程加上试验段共同形成了约200亩的湖域面积。整个园林一期工程建设，总占地面积约2000亩。

2019年，华山历史文化湿地公园正式完工并对民众开放。5月1日，正式对外开放首日就迎来了5万多游客。华山湖水面开阔，水质清透，波光粼粼，华不注山终于恢复了古时原貌，成为水中山。湖光山色，青翠倒影，让人不禁想起元好问"看山水底山更佳，一堆苍烟收不起"的名句。

华山片区的开发，让华山的历史文化再一次发出璀璨的光芒。在14.6平方公里的华山片区中，浓缩了"山、泉、湖、河、城"五大元素，可谓泉城的"生态之巅"。活力沙滩、林荫木栈道、观景挑台、廊架花架、水榭、景观桥等节点，结合周边山体，通过丰富的植被种植，颇具景观效果。园中最吸引游客的，要数华山湖南侧通往华阳宫的崇正桥和华山东侧的烟雨桥，它们分别是长108米、宽14米的三孔桥型和长232米、宽14米的21孔桥型。崇正桥因施工人员在该桥目前位置的北侧挖出了一块落款为"嘉庆二十年四月"的《重修崇正桥碑记》碑文，记载了204年前在华山南侧重修崇正桥一事，因而得名。烟雨桥呈金黄色，游客可通过此桥前往华阳宫攀登华山。

从华山上向下看，古朴厚重的华阳宫建筑群，带着小沙洲的华山湖湿地，远处的小清河、黄河，一排排整齐林立的高楼，种种美景尽入眼帘。借"名画"之余辉，点江山之异彩，感谢济南城市建设者数百年后再现华不注"水中山"、再现"鹊华秋色"景观。一座独具文化魅力的生态新城正在崛起，一幅新时代的"鹊华秋色图"正在缓缓展开。济南也将延续和传承千年的历史文脉，谱写出新时代的美丽画卷。

图书在版编目（CIP）数据

华不注：千年一梦水中山 / 侯环著. — 济南：济
南出版社，2021.7
（济南故事 / 杨峰主编）
ISBN 978-7-5488-4718-2

Ⅰ.①华… Ⅱ.①侯… Ⅲ.①山—地方史—研究—山
东 Ⅳ.①K928.3

中国版本图书馆CIP数据核字（2021）115373号

华不注：千年一梦水中山
HUAFUZHU:QIANNIAN YIMENG SHUIZHONGSHAN

出 版 人：崔　刚
图书策划：李　岩
责任编辑：张智慧
封面设计：张　金
出版发行：济南出版社
地　　址：济南市市中区二环南路1号　250002
邮　　箱：ozking@qq.com
印 刷 者：济南新先锋彩印有限公司
经 销 者：各地新华书店
成品尺寸：170 mm×230 mm　1/16
印　　张：10.25
字　　数：150千字
印　　数：1—3 000册
出版时间：2021年7月第1版
印刷时间：2021年7月第1次印刷
书　　号：ISBN 978-7-5488-4718-2
定　　价：56.00元